Christoph Henning

Marx
und die Folgen

J. B. Metzler Verlag

Zum Autor
Christoph Henning (* 1973) ist Junior Fellow für Philosophie
am Max-Weber-Kolleg Erfurt.

Bibliografische Information der Deutschen Nationalbibliothek
Die Deutsche Nationalbibliothek verzeichnet diese Publikation
in der Deutschen Nationalbibliografie; detaillierte bibliografische Daten sind im Internet über http://dnb.d-nb.de
abrufbar.

ISBN 978-3-476-02675-0
ISBN 978-3-476-05599-6 (eBook)

J. B. Metzler ist Teil von Springer Nature
Die eingetragene Gesellschaft ist Springer-Verlag GmbH
Deutschland
www.metzlerverlag.de
info@metzlerverlag.de

Einbandgestaltung: Finken & Bumiller, Stuttgart
(Foto: akg-images)
Typografie und Satz: Tobias Wantzen, Bremen
Druck und Bindung: Ten Brink, Meppel, Niederlande

J. B. Metzler, Stuttgart
© Springer-Verlag GmbH Deutschland, 2017

Inhalt

Zur Einleitung

Noch vor wenigen Jahren hätte ein Band über »Marx-Folgen«
Verwunderung hervorgerufen, als der Marxismus mit dem
Fall der Mauer erledigt schien. Heute sieht es eher so aus, als
könne man in Sachen Marx das ›kurze‹ 20. Jahrhundert (1914–
1990) überspringen: Schon im Ausgang des 19. Jahrhunderts
schwelten Konflikte, die uns nun verstärkt einholen. Der Kapitalismus pflügte Gesellschaften um · Er ›modernisierte‹ ganze
Landschaften, manche Menschen wurden schnell reich, viele
aber wurden arm, heimatlos, entwurzelt. Kulturelle Traditionen und Ökosysteme erodierten schnell, was nicht in jedem
Fall schade war, aber dies führte über kurz oder lang zu einer
dauerhaften Krise der Kultur und der Bindungskräfte des Politischen sowie zu einer rücksichtslosen Umwälzung der Natur-
beziehungen.

Reaktionen darauf blieben nicht aus, von links wie rechts.
Die an Marx anknüpfende Gegenreaktion litt dabei schon früh
unter einer Spaltung: Genau wie heute standen sich schon bald
nach Marx' Tod ein radikaler Flügel der Arbeiterbewegung, der
auf grundlegende Veränderungen pochte, und ein reformisti-
scher Flügel gegenüber, der durch Teilnahme an der politischen
Macht im System etwas bewirken wollte, aber dafür mit diesem

System eine Allianz einging. Damals waren es Reformisten wie Eduard Bernstein und Radikale wie Rosa Luxemburg, der die heutige Spitzenkandidatin der Linken sogar ähnlich sieht. Beide Seiten berufen sich noch immer auf Marx: Die Partei *Die Linke* hat ein »Marxistisches Forum«, die Friedrich-Ebert-Stiftung führt das bekannte Karl-Marx-Haus in Trier. Wie allerdings manche Sozialdemokraten vor 1914 den Kolonialismus und dann den Weltkrieg unterstützten, ist die Sozialdemokratie heute durch ihre lange Regierungsbeteiligung und Verantwortung für Hartz IV in den Augen Vieler kompromittiert, die Linke dagegen durch die zu zaghafte Distanzierung von DDR-Verbrechen oder Putin. Es ist, als habe das ganze 20. Jahrhundert diesen Spalt nicht kitten können.

Aber nicht nur der Flügelkampf innerhalb der Arbeiterbewegung erinnert an den Ausgang des 19. Jahrhunderts. Auch die rechte Reaktion auf die zunehmenden sozialen Verwerfungen ähnelt sich: Der Nationalismus wächst wieder an, mitsamt seiner Abgrenzung von Fremden und Nachbarn, die schon um 1900 zu starken innereuropäischen Spannungen führte, an der der Kontinent, ja die ganze damalige Weltordnung im Ersten Weltkrieg dann zerbrach. Und schließlich hat sich durch die Naturzerstörung der Industrialisierung rasch eine Frühform ökologischen Denkens entwickelt, etwa in der Naturphilosophie der Romantik oder Ansätzen einer natursensiblen ökonomischen Theorie, die Marx stark beeinflusst hat und ebenfalls erst heute wieder voll gesehen wird (obwohl es auch wieder Betonköpfe gibt, die wie im 19. Jahrhundert auf Kohle setzen).

Die titelgebenden »Marx-Folgen« sind in dieser Situation doppeldeutig: Zum einen ist eine *historische* Betrachtung der Folgen gemeint, die das Wirken von Marx und seiner Schriften hinterlassen hat. Zum anderen steht damit die Frage im Raum, was es eigentlich heißen kann, diesem Ansatz heute in *der Sache* zu folgen. Das muss keineswegs heißen, sich auf Gedeih und Verderb einer marxistischen Kirche oder Sekte zu verschreiben (obwohl sich ein Großteil der Marx-Literatur dem Kampf für oder gegen eine dieser Gruppierungen verdankt). Es kann auch heißen, eine bestimmte gesellschaftskritische Perspektive einzunehmen, die sich der Herrschaft des Kapitals widersetzt – ob in der Wissenschaft, Kunst oder Politik.

Natürlich lassen sich diese Bereiche ohne einen Einblick in das Leben und Werk von Karl Marx schlecht bewerten. Daher soll mit einem Überblick zur Person begonnen werden. Neuere biographische Schriften über Marx haben den Grad seiner Einbindung in tagesaktuelle Ereignisse und Institutionen betont, der vorher nicht so gesehen wurde. Allerdings wäre es verfehlt, deshalb auch das Marxsche Werk radikal zu historisieren. Wie angedeutet, sind die Umstände, unter denen Marx geschrieben hat, noch immer, ja sogar verstärkt die unseren.

Ebenso interessant wie der neue Blick auf sein Leben dürfte ein Überblick über die produktiven Anknüpfungen an die Theorien von Marx sein, die es heute wieder gibt – und zwar global. Eine zentrale Rolle spielen hier Bewegungen, die einst aus der marxistisch dominierten Linken (aber auch *gegen* sie) entstanden sind: der Feminismus, die Umweltbewegung oder der Postkolonialismus.

Schließlich ist die kulturelle Dimension der »Marx-Folgen« besonders wichtig, nicht zuletzt weil ein von Marx diagnostiziertes Problem des Kapitalismus die Darstellung seiner Kritik betrifft: Der Kapitalismus *erscheint* anders, als er ist. Daher liegt seine radikale Kritik durch den Marxismus nicht auf der Hand, sondern bedarf der Aufschlüsselung und Vermittlung. Ein Teil seiner Kritik richtet sich daher nicht nur auf den Kapitalismus, sondern auch auf andere Kapitalismuskritiker, die sich zu eng an Oberflächenphänomene halten oder die allzu rasch Wesens aussagen treffen, die mit keiner Empirie vermittelt sind. Solche Kritiken werden zwar nicht rundweg abgelehnt, sondern Marx versuchte, sie aufzugreifen und weiterzutreiben. Das macht seine Radikalität aus, die ihn schon bei Zeitgenossen unbequem und unbeliebt machte. Es verschiebt zugleich das Feld der Auseinandersetzung in ein kulturelles. Wenn rechte Publizisten heute etwa im Umfeld der *Sezession* meinen, Lehrerinnen, Pfarrer und Dozentinnen seien allesamt marxistisch indoktriniert, dann wird offensichtlich auch von rechts wahrgenommen, dass marxistische Argumente im kulturellen Bereich eine starke Relevanz gewonnen haben. Welche Art von »Kulturmarxismus« ist damit gemeint? Tatsächlich entstammen viele heute relevante marxistische Ansätze dem ästhetischen Bereich. In diesem Buch wird das am Beispiel von Filmen veranschaulicht, allerdings nicht, um dies zu denunzieren, sondern um daran zu demonstrieren, wie stark Marx die Gegenwart noch immer anregt.

Ich hoffe, dieser kleine Band vermag auf seiner Reise durch die Untiefen der Theorie, der Politik und der Popkultur die Relevanz der Marxschen Ansätze zu illustrieren, ohne sie zu sehr zu verkürzen.

Ein Leben als Revolutionär
hinter Büchern

Marx' Lebensdaten sind rasch erzählt: 1818 in Trier als Sohn eines Anwalts geboren, versuchte er nach einem Jurastudium in Berlin seit 1836 und einer Promotion in Philosophie (1841) eine Karriere als Zeitungsredakteur (1842/43), wobei er sich im Rahmen der Demokratisierungswelle schnell einen Namen machte. Doch wegen zu Preußen-kritischer Artikel wurde er politisch verfolgt, was ihm im Rheinland durchaus Sympathien verschaffte. Politisch radikalisiert, floh er über Paris (1843/44) und Brüssel (1845–48) nach London. Nach einem Intermezzo in Paris und Köln (1848/49), wo er über erneute Zeitungsherausgaben Einfluss auf das politische Geschehen zu nehmen versuchte, lebte er dort seit 1849 bis zu seinem Tod 1883 meist eher ärmlich und abhängig von seinem Gönner Friedrich Engels. Unter erschwerten Bedingungen versuchte er sein ökonomisches Werk voranzutreiben und eine internationale Organisation von Arbeitervereinigungen zu erreichen, was ihm nur mühsam gelang. Erst nach seinem Tod wird er zu einer Berühmtheit, vor allem weil sich zahlreiche Arbeiterparteien sowie später die siegreichen Bolschewisten auf ihn berufen. Vor allem das *Kommunistische Manifest* von 1848 und *Das Kapital* von 1867 sind heute weltberühmt, wenn auch selten wirklich gelesen.

Doch wer war dieser Karl Marx? Diese Frage ist nicht einfach zu beantworten. Allzu oft liest man die Person durch die Brille ihres späteren Werkes, als sei Marx schon als Ökonom und Parteidenker auf die Welt gekommen. Doch das ist nicht der Fall. Marx hätten sich auch ganz andere Wege eröffnen können; manche hätten ihm vielleicht besser angestanden als das leidige Exil – die Rolle als Publizist und Chefredakteur etwa, die er 1842 bis 1844 und 1848/49 ausübte, stand ihm sehr gut; lange ausüben konnte er sie mangels Pressefreiheit allerdings nicht. Ein philosophischer oder gar ökonomischer Lehrstuhl hätte ihm und seinem Schaffen ebenfalls gut getan (und weit kleinere Geister gelangten dorthin), doch Marx war nicht dafür gemacht, sich auf institutionengerechte Weise zu verhalten. Ein solcher Feuerkopf hätte viel durcheinandergewirbelt. Angestrebt hat er dies allerdings durchaus, doch seine akademische Karriere scheiterte schon 1842 am Berufsverbot seines Freundes Bruno Bauer, der ihn nach Bonn hatte mitnehmen wollen. Marx verfügte allerdings weiterhin über gute Verbindungen: Der liberale Ludolf Camphausen, einst Förderer der Kölner *Rheinischen Zeitung,* lud ihn 1848 zur Mitarbeit in seinem (kurzen) Ministerium ein, und sein Schwager Ferdinand von Westphalen war 1850 bis 1858 preußischer Innenminister. Doch Marx hatte inzwischen das Interesse an einer bürgerlichen Stellung mit vielen politischen Kompromissen verloren. Viel mehr beschäftige ihn schon das Scheitern der europaweiten revolutionären Welle von 1848.

Man muss seine Person daher in ihrem Umfeld kontextualisieren, um zu verstehen, warum er gerade *dies* geschrieben hat und nichts anderes. (Denn vor allem Texte und ihre Wirkungen interessieren uns hier – das war das Marxsche Medium, er war kein großer Redner.) Die Gültigkeit des Geschriebenen ist mit dieser Historisierung nicht eingeschränkt, im Gegenteil: Marx wurde durch seine Umstände in übergreifende Problematiken hineingedrängt, deren Analyse heute wenig von ihrer Relevanz eingebüßt hat. Diese Probleme sind von einer privilegierten Position aus weniger gut zu sehen und zu spüren. Das ist sicher ein Grund, warum gerade die etablierte akademische Welt noch heute wenig mit Marx anfangen kann. Bei Leserinnen und Lesern, die selbst *prekarisiert* leben, sieht das anders aus: das betrifft unsicher Beschäftige in Europa ebenso wie Bewohner des globalen Südens (»Tribal people had had all the experience they would ever need to judge whether Marx's stories told the truth«, Silko 1992, 315).

Auch Marx verbrachte fast sein ganzes Leben unter prekären Umständen – er hatte kaum je eine Anstellung und seine Familie litt oft Not; er selbst und seine Frau, die Jugendliebe aus Trier, die etwas ältere Jenny von Westphalen, waren oft krank, vier seiner sieben Kinder starben früh. Mehr noch, er wurde als Journalist und politischer Intellektueller mehrfach vertrieben und verfolgt. Dieses Los teilen heute wieder Hunderte von Journalisten in zahlreichen Ländern – ausnahmsweise einmal nicht in Deutschland, welches seinerzeit Hort der Reaktion war. Daher rückt ein Verständnis seiner historischen Lebensumstände uns Marx gerade nicht in die Ferne, sondern vielmehr in die *Nähe*. In seiner Lebenszeit gab es starke politische Umschichtungen in Europa und der Welt, ganz ähnlich wie heute. Sie gaben einerseits Anlass zu Hoffnung und Aufbruch, wurden aber anderseits oftmals gewaltsam unterdrückt und riefen international vernetzte reaktionäre Tendenzen hervor.

Halten wir uns einige dieser historischen Spannungen vor Augen. Marx entstammt einer jüdischen Familie, die erst wenige Jahre vor seiner Geburt zum Christentum übergetreten war – sein Vater, der Anwalt Heinrich Marx, vollzog diesen Schritt 1817 aus beruflichen Gründen, Karl Marx selbst wurde erst 1824 getauft. Allerdings trat der Vater nicht zum landesüblichen Katholizismus, sondern zum vermeintlich aufgeklärteren Protestantismus der Preußen über. Marx' Heimatstadt Trier war damit durch starke Gegensätze geprägt, nicht nur konfessionell: Trier war von 1797 bis 1814 französisch regiert. Ein Gutteil des revolutionären Gedankenguts und des *Code Napoléon* war hier also verankert. 1814 übernahmen dann die Preußen gewaltsam die »Rheinprovinz« (bis 1945). Damit ging ein Riss mitten durch Marx' Heimatstadt:

Auf der einen Seite das aufgeklärte Frankreich mitsamt seinem Zentralismus, vor dessen absolutistischen Tendenzen Konservative von Justus Möser in Deutschland bis zum Amerikafahrer Tocqueville stets gewarnt hatten. (Die Stellung zum Staat ist auch im Marxismus seit je umstritten, s. u. das Kapitel »Kritik der Politik«.) Das katholische Trierer Bürgertum fühlte sich dieser französischen Nachbarschaft zeitweise mehr verbunden als den neuen Herren aus dem protestantischen Preußen. Dieses seltsame französische Erbe zwischen Aufklärung und Kaisertum beschäftigte Marx noch im Exil, wo er als erstes zwei noch heute geschätzte historische Studien über Napoleon III. verfasste (*Die Klassenkämpfe in Frankreich* von 1850 und *Der achtzehnte Brumaire des Louis Bonaparte* von 1852). Dieser Neffe des ›echten‹ Napoleon war im Zuge der Gegen-Revolution nach 1848 an die Macht gekommen, und das war ein Hauptgrund dafür, dass Marx 1849 nach England fliehen musste. Napoleon III. war bis zum Deutsch-Französischen Krieg 1870 im Amt, an dessen Ende er abgesetzt wurde und ins Exil nach England ging, während Marx von London aus mit einer Schrift über die Pariser Kommune ins Geschehen einzugreifen suchte – vergebens und zu spät (*Der Bürgerkrieg in Frankreich* von 1871).

Auf der anderen Seite stand das verzopfte Preußen, dessen Reformgeist schnell erlahmte und das seit 1815 zum Flickenteppich des »Deutschen Bundes« gehörte. Dieser Regionalismus wurde von den Konservativen geschätzt, weil sich im Rahmen der Provinzialität manche Tradition und Hierarchie länger hielt als anderorts – und Marx hatte, das wird selten gesehen, durchaus ein Faible für das »Buntscheckige« der Romantik (»die heiligen Schauer der frommen Schwärmerei, der ritterlichen Begeisterung«, MEW 4, 465). Er hat als Jugendlicher dichterische Versuche angestellt; Bettina von Arnim drängte 1843 in Kreuznach sogar darauf, mit dem frisch vermählten Marx wandern zu gehen, und spätromantische Dichter wie Heinrich Heine, Georg Herwegh oder Ferdinand Freiligrath gehörten zu Marx' engstem Umgang im Pariser Exil.

Doch Marx war klar, dass diese Kleinstaaterei gerade *wegen* ihrer Provinzialität keine Zukunft mehr hatte. Die Moselregion wurde innerhalb Preußens zu einer armen Provinz, wie Marx in einem Aufsatz von 1843 über die Moselbauern analysierte (MEW 1, 172–199). Als Engels nach dem Scheitern der Revolution 1848 eine ausführliche Auszeit nahm und zur Weinernte zu Fuß von Frankfurt nach Bern zog (man könnte auch von einer ausgedehnten Trinktour sprechen), staunte er, wie die bäuerlichen Traditionen Teile des Mittelalters inmitten der Zivilisation konservierten. Zwar hat sich Marx später, in einem Brief an Vera Sassulitsch, für eine Bewahrung früherer Formen der Bewirtschaftung offen gezeigt, in denen Eigentum noch kollektiv bewirtschaftet wurde (MEW 19, 242 ff.; vgl. Engels zum Gemeinbesitz in MEW 21, 155 von 1884). Für Deutschland jedoch betrachtete Marx diese Provinzialität als großes Problem. Daher war die allererste Forderung der Kommunisten, die Marx und Engels 1848 aufstellten, die deutsche Einheit: »Ganz Deutschland wird zu einer einigen, unteilbaren Republik erklärt« (MEW 5, 3). Hier haben wir ein erstes Beispiel für die erstaunlich enge Verstrickung in die politischen Umstände seiner Zeit. Die politische Lage in Deutschland rief zunächst nach nationaler Einigung und Demokratisierung – ein Ziel, um das die Revolution von 1848 auch in Deutschland kämpfte, und dem sich Marx darum anschloss; allerdings nicht vorbehaltlos. Die Position von Marx war vertrackt: Ihm lag daran, als Voraussetzung für eine sozialistische Politik zunächst die demokratischen Errungenschaften der politischen Revolutionen in Nachbarländern auf Deutschland zu übertragen (daher hieß die *Neue Rheinische Zeitung* 1848/49 »Organ für Demokratie«). Diese Position war schwer zu vermitteln, sowohl anderen Kommunisten wie den Bürgerlichen.

Bemerkenswert dabei ist, welche Kompromisse Marx zu machen bereit war – ausgerechnet er, der sonst als kompromissloser Kritiker auftrat (etwa im späteren *Kritik des Gothaer Parteiprogramms* von 1875). In seiner Zeit als Redakteur in der *Rheinischen Zeitung* versuchte er, allzu revolutionäre Töne zu vermeiden: Er wusste, dass er einerseits die Zensur im Nacken hatte, andererseits den katholischen Bürgern der Region nicht allzu viel zumuten durfte, sollte die Zeitschrift eine Zukunft haben. Als er 1848 aufgrund der Revolution aus dem Brüsseler Exil zurückkehrte und erneut in Köln lebte, war er ebenfalls zunächst bestrebt, die »demokratische« Bewegung zu unterstützen und keinen kommunistischen Sonderweg zu gehen, da die Mehrheitsverhältnisse und politischen Voraussetzungen für einen solchen noch gar nicht gegeben waren. So warnte er beispielsweise davor, bewaffnete Deutsche aus dem Pariser Exil im Pulk nach Deutschland zu bringen, um dort Befreiungskämpfe zu führen – er plädierte für eine einzelne Rückkehr und eine agitatorische, nicht militärische Betätigung. Das brachte Zerwürfnisse mit anderen Kommunisten, die es erstaunlicherweise in der Region gab. Auch sein Eintreten für die Demokratie und Bündnisse mit Bürgerlichen sorgte unter damaligen Kommunisten für Spott (die verwickelte Geschichte wurde gut recherchiert in neueren Biographien von Sperber 2013, 163 ff., und Stedman Jones 2016, 205 ff.).

Auch in den 1860er Jahren ist Marx bereit, zugunsten einer internationalen Allianz auf Militanz zu verzichten, was zu Konflikten mit den Anarchisten führt. Im Rahmen der Ersten Internationale, der »Internationalen Arbeiterassoziation« seit 1864, ging es ihm mehr um den Ausbau internationaler Strukturen als um direkte Gewalt. Ein Grund für das Zerwürfnis mit Michail Bakunin war, dass Marx und Engels dem parlamentarischen Weg zur Macht etwas abgewinnen konnten (vgl. Engels in MEW 16, 76 und MEW 22, 280), während Bakunin ihn ablehnte. Ein anderer Grund war sicher, wie in anderen Konflikten mit Mitstreitern, persönliche Eitelkeit.

Marx wollte allerdings schon 1848 keineswegs bei einem nationalen Parlamentarismus stehen bleiben, zumal ihm klar war, dass ein Sozialismus nur in einer übergreifenden politischen Formation zu verwirklichen wäre (hierin war Marx ein früher Europäer; Fetscher 1999, 70). Daher gehörten Marx und Engels später zu den Gegnern des kaiserlichen Deutschland (»ein mit parlamentarischen Formen verbrämter, mit feudalem Beisatz vermischter und zugleich schon von der Bourgeoisie beeinflußter, bürokratisch gezimmerter, polizeilich gehüteter Militärdespotismus«, MEW 19, 29) und allzu staatstragender sozialistischer Strategien, wie sie sie bei Ferdinand Lassalle vermuteten.

Doch der anti-utopische Realismus von Marx verlangte, dass in Deutschland zunächst auf nationalstaatlicher Ebene die Errungenschaften der neuzeitlichen Revolutionen umgesetzt würden, die es zum Beispiel in England und Frankreich bereits gab (Parlamentarismus, Demokratie und Wahlrecht, Versammlungs- und Pressefreiheit). Marx gehörte daher in Situationen, die von anderen als »revolutionär« eingestuft wurden, oft zu einer mäßigenden Fraktion. Seine Aufrufe zum Aufstand kamen zu spät (1849, in der letzten Nummer der *Neuen Rheinischen Zeitung* etwa gibt es einen solchen, ebenso wie in der Schrift zur Pariser Kommune, die erschien, als jene bereits zerschlagen und viele Teilnehmer ermordet waren).

Ob Marx dabei selbst immer der beste Stratege war, wenn es um die Vermittlung der Spannung zwischen mittel- und langfristiger Orientierung ging, sei dahingestellt (viele Interpreten bestreiten dies). Wichtig zu sehen ist jedenfalls, dass Marx von Anfang an in spannungsgeladenen Situationen dachte, in denen er allerdings meist eine ›dritte‹ Partei darstellte. Wie der jüdische Hintergrund seiner Eltern gegenüber dem Gegensatz katholisch/protestantisch, nahmen auch die Sozialisten gegenüber dem Gegensatz zwischen Bürgerlich-Liberalen und Ständisch-Konservativen eine dritte Position ein. Selbst in der Arbeiterbewegung nimmt Marx eine Zwischenposition ein, nämlich zwischen den staatsbejahenden Anhängern von Ferdinand Lassalle und Eduard Bernstein (den sogenannten »Reformisten« und Wegbereitern der Sozialdemokratie des 20. Jahrhunderts) und den direkten Aktivisten oder Syndikalisten im Geiste von Bakunin oder Georges Sorel (später, im stalinistischen Jargon, wurde von Rechts- und Linksabweichlern gesprochen). Auch wenn es stets gute Gründe für eine solche Minderheitenposition gegeben haben mag (weniger vielleicht für den damit verbundenen Führungsanspruch), waren dies zugleich die Gründe dafür, dass Marx sich mit Vertretern der anderen Richtungen permanent in den Haaren lag.

Im Nachhinein ist es oft schwer nachzuvollziehen: Marx verkrachte sich immer wieder mit vielen Mitstreitern und verhedderte sich in Nebenschauplätzen – viele davon sind Polemiken gegen eben diese ehemaligen Mitstreiter. So verbrachte Marx viele fruchtbare Jahre und Hunderte von Seiten damit, sich zunächst von deutschen Mitstreitern wie Bruno und Edgar Bauer, Arnold Ruge, Ludwig Feuerbach, Max Stirner oder Karl Grün abzusetzen. Dies geschah ausgiebig in der *Heiligen Familie* (erschienen 1845) und der *Deutschen Ideologie* (verfasst 1845/46 in Brüssel und als solche erstmals 1932 publiziert). Dann kamen französische Konkurrenten an die Reihe, etwa Pierre-Joseph Proudhon im Buch *Das Elend der Philosophie* (erschienen auf Französisch 1847, doch ebenfalls kaum beachtet). Wilhelm Weitling wurde um 1848 mündlich abgefertigt, der Bruch mit August Willich erfolgte im »Kölner Kommunistenprozesses« 1852 öffentlichkeitswirksam (MEW 8, 412). Der nicht öffentlich ausgetragene Konflikt mit dem deutschen Arbeiterführer Ferdinand Lassalle schwelte bis zu dessen plötzlichen Tod in einem

Duell anno 1864 und wurde abgelöst durch den Streit mit Bakunin.

In diesen Auseinandersetzungen verwies Marx des Öfteren auf Einsichten der politischen Ökonomie, an denen es bei den kritisierten Autoren nach seiner Auffassung fehle. Aber wo sollte man die hernehmen? Sein ehemaliger Kollege und Konkurrent Max Stirner hatte Adam Smiths *Wohlstand der Nationen* übersetzt (das Werk erschien 1846/47), Marx selbst hatte schon 1845 einen Vertrag mit dem Verleger Leske in Darmstadt geschlossen, bei dem er eine Abhandlung zur politischen Ökonomie unterbringen wollte. Sein Umfeld wartete lange darauf. Doch dieses Werk wurde jahrzehntelang nicht fertig – aufgrund persönlicher Querelen und politischer Einbindung (vor allem 1848 und dann wieder in der Ersten Internationale, 1864–1876), aber auch wegen langwieriger Krankheiten. 1867 erschien immerhin ein erster Band (von bis zu sieben geplanten), Bände zwei und drei wurde erst von Engels aus dem Nachlass herausgegeben. Dieses unvollendete Werk wurde für Marx zu einem Lebenstrauma. Wer selbst schreibt, mag erahnen, welche Belastung ein so langer Aufschub werden kann.

Im Gegensatz zu seinen Schriften ändert sich im Leben von Marx, seit er Anfang dreißig ist, nicht mehr viel, das sich zu verfilmen lohnte (wie es beim jungen Marx durchaus der Fall ist, zu sehen in Raoul Pecks Film *Der junge Karl Marx* von 2016). Marx lebt dreieinhalb Jahrzehnte, von 1849 bis zu seinem Tod 1883, in meist eher ärmlichen Verhältnissen mit Familie im Londoner Exil (das bis zuletzt eines bleibt; er ist in die Gesellschaft dort nicht integriert). Seine Frau, Jenny Marx, ist dabei enge Gehilfin: Sie schreibt etwa seine miserablen Handschriften ab. Doch Marx verlangt noch einiges mehr von ihr: Er lässt sie in den Zeiten des Exils oft mit den Kindern zurück, meist mittellos; man trifft sich erst Wochen später wieder. Um 1860 erkrankt Jenny Marx schwer an Pocken, etwa um diese Zeit geht Marx eine Beziehung mit der gemeinsamen Haushälterin ein (genannt »Lenchen«), aus der sogar ein Sohn hervorgeht. Engels, der getreue Freund, übernimmt die Vaterschaft. Häusliches Glück sieht gewiss anders aus.

Mit den politischen Ereignissen der Zeit ist Marx meist nur noch indirekt verbunden. Das gilt etwa für die Pariser Commune 1871 und die Gründung der deutschen Sozialdemokratie 1869 bzw. 1875, obwohl beide mit seinem Namen eng verbunden sind. Es gilt umso mehr für die englischen Arbeiterparteien (die »Social Democratic Federation« wurde erst 1881 gegründet, von Henry Hyndman, zu dem Marx ein gespaltenes Verhältnis hatte). Allerdings hat Marx einen bedeutenden Einfluss auf die Erste Internationale gehabt.

Das spätere familiäre Leben, das von Biographen auf ganz unterschiedliche Weise geschildert wird, ist reich an Tragödien – vier von sieben Kindern starben früh, von drei erwachsenen Kindern verstarb die Lieblingstochter noch vor dem Vater, die beiden anderen Töchter nahmen sich später das Leben. Doch es gibt rührende Schilderungen des Familienlebens, von Familienausflügen, an denen oft auch politische Gäste und Mit-Exilanten teilnahmen, die von Marx trotz des notorischen Geldmangels nicht selten ausgehalten wurden. Dieses Familienleben wurde sogar zum Gegenstand sozialistischer Mythen und Kinderbücher (wie *Mohr und die Raben von London* von Ilse und Vilmos Korn).

Auch wissenschaftlich will Marx nicht so recht vorankommen: Sein erstes veröffentlichtes ökonomisches Werk, die *Kritik der politischen Ökonomie* von 1859, verkaufte sich nicht und enttäuschte inhaltlich selbst enge Weggenossen. Dafür verlor sich Marx weiterhin in persönlichen Kontroversen – 1860 widmete er ein weiteres polemisches Buch den Exil-Querelen, in denen es vorrangig darum geht, wer wem gegenüber was gesagt und nicht gesagt hat (*Herr Vogt*, veröffentlicht 1860 in London); 1870 intrigiert Marx im Rahmen der Internationale gegen seinen alten Freund Bakunin. Dass Marx bei alldem überhaupt den ersten Band des *Kapitals* fertigstellen konnte (es erschien 1867 – auf Deutsch), ist beachtlich. Dieses Werk ändert seine Lebenssituation und begründet auch seinen bleibenden Ruhm. Seine letzten Lebensjahre verbringt Marx eher als »Privatier«, als solcher gibt er sich etwa 1874 während einer Kur in Karlsbad aus. Engels finanziert ihm eine Lebensrente, die Familie lebt nicht mehr in ärmlichen Verhältnissen und mit Blick auf einen Park. Anfang der 1880er Jahre verstirbt erst Jenny Marx nach schwerer Krankheit, wenig später folgt ihr Karl Marx auf das Totenbett.

. . . .

Das Werk in Grundzügen

Marx hat unglaublich viel Text zu Papier gebracht, und nur ein Teil davon ist veröffentlicht; davon wiederum nur ein Teil zu seiner Lebzeit. Manches wurde zensiert, manches (vor allem geplante Bücher) wurde nicht fertig, einiges war gar nicht zur Veröffentlichung gedacht – und wurde dennoch postum publiziert: Dazu gehören neben den zahlreichen gehaltvollen Briefwechseln die berühmten *Pariser Manuskripte* von 1844 oder die *Grundrisse* von 1857/58, die im 20. Jahrhundert zu den meist diskutierten und gelesenen Schriften von Marx gehörten. Marx war eindeutig ein Buchstabenmensch, er las und schrieb schon als junger Mensch Tage und Nächte hindurch – wobei die Zwischenform des Exzerptes, also der Mitschriften aus dem Gelesenen, heute Tausende von Seiten der MEGA (Marx-Engels-Gesamtausgabe) ausfüllt und nur schwer zu verdauen ist.

Bei dieser Fülle von Texten ist es kaum zu glauben, dass Marx Schwierigkeiten hatte, Texte zu vollenden – er hatte nicht gerade eine Schreibhemmung, aber seine intellektuelle Redlichkeit spielte ihm oft einen Streich: Er recherchierte geradezu endlos, sammelte Quellen und studierte Seitenäste des jeweiligen Themas, bis an eine rasche und knappe Version eines Textes nicht mehr zu denken war. Die Artikel für die *New York Tri-*

bune, die für Marx im Londoner Exil eine Zeit lang (1852–1861) die Haupteinnahmequelle waren, musste daher zum Teil sein Freund Friedrich Engels für ihn übernehmen. Dennoch hatte Marx eine ausgezeichnete Hand für die journalistische Arbeit – wenn man darunter den intellektuellen oder sog. ›Qualitätsjournalismus‹ versteht, der in unserer Zeit im Rückzug begriffen ist. Marx' Artikel waren keine reißerischen Klatschnachrichten oder bloße Weitergaben aus dem Presseticker, sondern gut recherchierte und dabei streithafte Analysen des politischen und geistigen Zeitgeschehens. Marx war das Echo seiner Leserschaft wichtig, von der er auch finanziell abhing (in den Anfangsjahren bekam er immer wieder Unterstützung von Förderern, etwa aus Köln oder sogar aus Polen). Weil der Journalismus ihm vergleichsweise rasche Publikationen mit direktem Effekt erlaubte, kam ihm dieses Medium entgegen. Bücher hingegen überleben ihren unmittelbaren Anlass häufig. Daher schrieb er nicht nur für über zwanzig Zeitschriften, sondern gab auch selbst Zeitschriften mit heraus, etwa die Rheinische Zeitung in Köln 1842/43, die Deutsch-Französischen Jahrbücher mit Arnold Ruge in Paris 1844, die Neue Rheinische Zeitung: Organ der Demokratie, erneut in Köln 1848/49, sowie die Neuauflage 1850 in London: Neue Rheinische Zeitung: Politisch-Ökonomische Revue.

Wichtig dabei war für Marx die Möglichkeit, Themen auf über 20 Seiten auszubreiten. Diese Textsorte des journalistischen Essays, die zwischen Analyse, Kommentar und Pamphlet changiert, ist heute nahzu ausgestorben; selbst in der Wissenschaft genießt sie als »Feuilletonismus« keinen guten Ruf mehr. Die journalistische Schreibweise bringt allerdings einige Vorteile mit sich: Es bedarf nicht der Rücksichtnahme auf akademische oder politische Seilschaften, vielmehr braucht es eine lebendige Sprache, um das Interesse der Lesenden zu wecken und zu erhalten. Dieses Spiel beherrschte Marx meisterhaft, wobei er auch, je nach Adressat, zwischen verschiedenen Registern zu wechseln wusste.

Zu den Besonderheiten seines Sprachstils zählen Eigenarten, die die Lektüre zu einem ästhetischen Erlebnis machen: Marx, der die antiken Tragödien, Shakespeare, Goethe und die Romane von Zeitgenossen wie Balzac in sich aufsog, aber auch bibelfest war, würzte seine politischen Texte nicht nur mit hintersinnigen Anspielungen und Sprachspielen, sondern auch mit zahlreichen Ausflügen in die Theaterwelt (»Welch ein Schauspiel!« MEW 1, 380). Er zieht bekannte Figuren zur Illustration heran und verwendet zahlreiche Bühnenmetaphern (»Illusionen der Bühne«, MEW 1, 127, Tragödie und Farce, Szene, »Kulissen, Kostüme, Sprache, Schauspieler, Figuranten, Statisten, Souffleure«, MEW 7, 47 f. sowie die Maske, vgl. Henning 2010). Damit wird die Charakterisierung der beteiligten Personen drastisch und das Geschehen vor den Augen des Lesers überaus plastisch; zugleich spricht es der darstellungs- und anerkennungssüchtigen Zeit die Diagnose aus. Diese Sprachmeisterschaft versuchte er auch in seinen ökonomischen Texten auszuüben – was bei diesem Thema eine Herausforderung darstellt, aber im *Kapital* exemplarisch gelungen ist. Vielleicht war auch diese hohe Erwartung an sich selbst ein Grund für die lange Zeit, die seine Werke brauchten (so hängte sich Marx stark in die Übersetzung des ersten Bands ins Französische hinein – Zeit, die für die Fortsetzung verloren war).

Neben der dramatischen Ader gibt es eine weitere sprachliche Eigenart: Das polemische Talent, das Marx in seinen Exil-Kämpfen gegen Mitstreiter an den Tag legte (und zu wenig kontrollieren konnte), weist zugleich auf seine *juristische* Ader hin, die ihm durch den Vater und das frühe Studium in die Wiege gelegt war. Viele seiner Texte ähneln juristischen Analysen: Aussagen von politischen Akteuren oder anderen Autoren werden auseinander genommen, auf sprachliche Fehler und sinnhafte Lücken untersucht, dabei tritt oft Verborgenes zutage. Diese Sprachanalysen weisen voraus auf eine ähnliche Herangehensweise in der Philosophie des 20. Jahrhunderts, etwa in der sprachanalytischen Philosophie oder bei Jacques Derrida. Nur legte Marx stets eine *politische* Lektüre an den Tag, keine metaphysische oder formal-logische.

Auch diese strenge juristische Tendenz, die sich gegen vorschnelle Generalisierung und Schlussfolgerungen wehrt und Worte der Gegner auf die Goldwaage legt, setzt sich bis in die spätesten Schriften durch. Ein spätes Beispiel dafür ist seine *Kritik des Gothaer Programms* von 1875, in der Marx sich von London aus mit einem Parteiprogramm der deutschen Sozialisten auseinandersetzt. Für diese Einlassung hatten selbst Sozialisten nur wenig Verständnis (angesprochen waren Wilhelm Liebknecht, August Bebel und Wilhelm Hasenclever, aber noch die Biographie von Franz Mehring 1918, 508 f. distanziert sich deutlich). Engels publizierte sie darum erst 1891, im Vorfeld des Erfurter Kongresses von 1892, in dem erstmals ein marxistisches Parteiprogramm angenommen wurde. Ein frühes Beispiel sind gleich seine allerersten journalistischen Arbeiten von 1842, die die Reform der preußischen Zensur behandeln, die gleich genauer betrachtet wird. Hier zerlegt Marx eine königliche Instruktion bzw. die Debatten dazu im rheinischen Landtag beinahe Satz für Satz und stieß damit bei damaligen politischen Interessierten bis weit ins bürgerliche Lager hinein auf starke Resonanz.

Der Schlüssel des Frühwerks: Pressefreiheit und Perspektivismus

Marx hatte bereits eine philosophische Doktorarbeit, dichterische Versuche sowie zahlreiche längere Briefe hinter sich – darunter sind diejenigen an den 1838 verstorbenen Vater im Nachhinein mit Recht berühmt geworden. Die an seine Frau Jenny hat die Tochter Eleanor nach dem Tod ihrer Eltern zum Großteil verbrannt; das ist schade, denn die wenigen erhaltenen Briefe zwischen den beiden sprechen Bände. Marx hatte seine im engeren Sinne »marxistischen« Schriften noch vor sich, zu denen die letzten Arbeiten dieser Phase (1842–1844) bereits hinzuzählen. Mittlerweile ist gut erforscht, mit welcher Folgerichtigkeit Marx auf seine spätere Position zusteuert.

Gleich der erste in der *Rheinischen Zeitung* publizierte journalistische Aufsatz vom Mai 1842 ist ein Paukenschlag. Auch die heutige Leserin können diese gut 50 Seiten noch überraschen: nicht nur wegen des liberalen Standpunkts, den Marx hier mit Verve vertritt, sondern auch wegen der an Schriften von Friedrich Nietzsche erinnernden bösartigen und unterhaltsamen »Psychologie« (MEW 1, 67), der seelischen Zergliederung seiner Gegner. An einer Stelle wird gar nach dem »Irrenarzt« gerufen (MEW 1, 51; 76 ist von »Wahnsinn« die Rede). Sachlich ist die Position von Marx schnell benannt: Als Mann der Presse macht sich Marx für die Pressefreiheit stark, er sieht in ihr »die freieste Weise, in welcher heutzutage der Geist erscheint« (MEW 1, 39). Genauer gesagt weist er ihr zwei Funktionen zu: Zum einen soll sie die Regierenden über die Auffassungen der Regierten unterweisen. Das meint die »öffentliche Meinung« in einem passiven Sinn (»Die freie Presse endlich trägt die Volksnot in ihrer eigenen, durch keine bürokratischen Medien durchgegangenen Gestalt an die Stufen des Thrones«, MEW 1, 190). Zum anderen hat die Presse die kritische Funktion, die Regierungsarbeit zu kontrollieren und zu hinterfragen. Das ist Öffentlichkeit in einem aktiveren Sinn. Sie hat den Effekt, dass »der Unterschied von Verwaltung und Verwalteten verschwindet und es nur mehr [...] Staatsbürger gibt« (MEW 1, 190). Nötig dafür ist das Publizitätsprinzip, welches bereits von Immanuel Kant verteidigt wurde (angesichts der Abwesenheit demokratischer Mechanismen war das elementar) und das noch für Demokratietheoretiker wie John Dewey, Hannah Arendt, Jürgen Habermas oder John Rawls zentral ist. Alles, was von öffentlichem Belang ist, muss in der Öffentlichkeit bekanntgemacht und diskutiert werden können (vor allem Gesetzgebung und Regierung selbst). Marx ist also in guter Gesellschaft, und die gegenwärtige Bedrohung der Pressefreiheit in Nachbarregionen Westeuropas zeigt, dass dieses Thema von anhaltender Wichtigkeit ist.

Marx schreibt in diesem Text allerdings nicht einfach, dass er aus bestimmten Gründen für die Pressefreiheit sei. Es gibt durchaus derartige philosophische Aussagen in diesem Text, aber dafür hätte es nur zwei Seiten gebraucht. Vielmehr demonstriert er anhand eines reichhaltigen Materials, nämlich veröffentlichter Debatten des rheinischen Landtags über Pressefreiheit von 1841, wie es um dieses Thema steht, und vor allem: wie die mitregierenden Landstände über dieses Thema dachten. Das interessierte die Leser weit mehr. Vorangegangen war eine königliche »Zensurinstruktion«, in der Friedrich Wilhelm IV. von Preußen Erleichterungen der seit Jahrzehnten verhängten preußischen Pressezensur zu versprechen schien. Marx folgert daraus, dass es in Deutschland seit Jahrzehnten keine freie Presse gegeben habe (MEW 1, 36) und stellt sich damit an die Spitze derer, die das ändern wollen.

Man merkt spätestens hier, dass es Marx genau um die Sache selbst geht, über die er nur zu berichten scheint. Dies ist eine bemerkenswerte reflexive Verschachtelung des Textes, die sogar noch weiter geht – denn die Publikation dieser Debatten selbst ist bereits ein Ausdruck des sich verändernden Verständnisses von Öffentlichkeit. Gegenüber dem herablassenden Ton, mit dem diese Dokumente öffentlich gemacht wurden, klagt Marx ein, dass deren Veröffentlichung »eine gesetzliche Notwendigkeit geworden« sei (MEW 1, 41). Es habe politische Auswirkungen, wenn dieses Recht nicht eingeklagt werde. Denn sobald der Landtag, der eigentlich eine Repräsentation der Menschen in der Politik sein solle, sich von eben diesen Menschen in seinen Machenschaften gestört fühle, verfehle er seinen Sinn (oder, wie Marx mit Hegel sagt: entspreche er nicht seinem »Begriff«), nämliche eine Vertretung zu sein. Wenn durch die Volksvertretung im Landtag das Volk »nicht mehr repräsentiert wird, sondern [die Vertretung] vielmehr sich selbst repräsentiert« (MEW 1, 44), dann könne die Provinz nicht mehr durch ihre Vertreter etwas erreichen, sondern müsse stattdessen nun nicht nur gegen den König, sondern auch gegen seine eigenen Vertreter kämpfen (43).

Das ist eine erste Version der Entfremdungstheorie: Die Provinz entsendet Vertreter in die Landstände, durch die sie sich selbst regieren sollte, doch entfremdet sie sich von diesen Vertretern, sobald diese sich nicht mehr von der Presse an die von ihnen Vertretenen zurückbinden lassen. Darum hängt die Pressefreiheit für Marx politisch so hoch: Sie ist ein Mechanismus des Abbaus der Entfremdung zwischen Bevölkerung und herrschenden Eliten, und damit zugleich ein Motor der Demokratisierung. Einerseits werden die Eliten so zunehmend der Kritik und Kontrolle der Bevölkerung unterstellt, andererseits kann nur so das Interesse der Menschen für öffentliche Dingen geweckt werden (»Staatsgeist« nennt Marx dies, 64) und so Freiheit wirklich werden, statt »Einbildung« und »Sentimentalität« zu bleiben (68).

Marx demonstriert an dem genannten Material, dass die adligen Stände aus Angst um ihre Privilegien große Probleme mit der Pressefreiheit hatten, was sie pikanterweise in Spannung zur königlichen »Zensurinstruktion« brachte. Zugleich zeigt sich aber, dass auch die bürgerliche Opposition im Landtag die Pressefreiheit nur halbherzig verteidigt, weswegen ihr Marx auf die Sprünge helfen möchte. Die bürgerliche Verteidigung läuft nämlich allein über den Umweg der Gewerbefreiheit – das kommerzielle Interesse der Verleger – und nicht über das Interesse der Leserschaft und Journalisten an freier Berichterstattung. Die einzigen »Stände«, die die Pressefreiheit in der Sache verteidigen, sind der »vierte Stand« (die Arbeiter) sowie die Bauern, wie Marx anerkennend berichtet (MEW 1,

73, 76). Hier artikuliert Marx eine frühe Kritik an Kommerzialisierung und Verdinglichung, wie sie besonders das Bürgertum vollbringt:

> »Die Preßfreiheit zu einer Klasse der Gewerbefreiheit machen, ist sie verteidigen, indem man sie vor der Verteidigung totschlägt [...] Die erste Freiheit der Presse besteht darin, kein Gewerbe zu sein« (MEW 1, 70 f.).

Dass Marx den Gewinn aus Pressearbeit nicht an die erste Stelle setzt, belegt seine integre Berufsethik – auch wenn seine eigene Familie ein regelmäßiges Einkommen gut hätte brauchen können. An diesem frühen und wenig gelesenen Text wird eine Reihe Marxscher Leitmotive sichtbar, die im weiteren Werk immer wieder auftauchen. Das zeigt sich schon sprachlich: Marx benutzt bereits Wendungen wie »Gespenst«, »Fessel«, »verkehrte Welt« oder »Fetischismus«, die in späteren Werken eine wichtige Rolle spielen. Da der Zusammenhang des Marxschen Werkes in der Forschungsliteratur häufig bestritten wird (es werden stets neue Einschnitte gefunden und Zwischenstadien konstruiert), mag es nützlich sein, diese Themen bereits hier zu benennen, denn das legt einen roten Faden in die Erkundung des folgenden Werkes.

Zunächst erkennt man an diesem Text deutlich das leitende Erkenntnisinteresse: Es ist das Interesse an einer Demokratisierung, an einer bewussten Selbstregierung des »Ganzen« (MEW 1, 65), anstelle einer gewaltsamen Durchsetzung von Sonderinteressen, von partikularer Herrschaft (hier noch der adligen Stände, später steht das Besitzbürgertum im Zentrum). Der Sinn dieser Publizistik ist es, den Akteuren einen Handlungsspielraum aufzuzeigen, den sie im Interesse ihrer Selbstregierung noch nicht voll ausgeschöpft haben. Hier wendet sich Marx vorrangig an das rheinische Bürgertum, das schon aufgrund seiner Preußenfeindlichkeit Sympathien mit diesem frühen Marxschen Standpunkt hatte, aber sich selbst noch nicht recht aus der Deckung wagte. Später ändert sich der Adressat: Marx wendet sich eher an die Organisationen der Arbeitenden, doch sein publizistisches Interesse ist nach wie vor das einer Aufhellung der Verhältnisse zum Zwecke ihrer Veränderung im Sinne der Demokratisierung, der Selbstregierung (vgl. Hudis 2012).

An dieser Stelle kann man in zwei Richtungen weiterfragen: einmal philosophisch nach den Voraussetzungen (Warum ist Selbstregierung gut?), einmal politisch nach den praktischen Auswirkungen (Wie erreichen wir sie am besten und was stand ihr bislang im Weg?). Hinsichtlich der philosophischen Voraussetzungen lässt sich an diesem frühen Text eine anthropologische Tiefenschicht freilegen, die Marx weiter prägen wird. Man könnte immerhin fragen, was an einer Demokratisierung eigentlich erstrebenswert sein soll – in den beschriebenen Debatten des Landtags etwa wird häufig das Gespenst von 1789 an die Wand gemalt: Wenn Pressefreiheit Demokratisierung befördert und Demokratisierung womöglich eine politische Umwälzung oder gar Revolution, dann verzichten wir doch lieber auf Pressefreiheit und Demokratisierung (vor allem wenn damit, so der meist nicht öffentlich geäußerte Subtext, unsere Privilegien gefährdet wären).

Marx legt in diesem Text geschickt die anthropologischen Annahmen seiner Gegner frei. Die »Redner aus dem Ritterstand« setzen sich deswegen gegen die Pressefreiheit ein, weil sie den meisten Menschen das Vermögen zur Freiheit nicht zutrauten. Sie wollen Freiheit »nicht als natürliche Gabe dem allgemeinen Sonnenlicht der Vernunft« zuschreiben, sondern »als nur individuelle Eigenschaft gewisser Personen und Stände« (MEW 1, 47) verstehen. Marx weist hier einen Widerspruch nach: Wenn Menschen von Natur aus unfrei und unvernünftig wären, gäbe es keinen Grund mehr, Zensoren zu trauen, wie es der Ritterstand verlangt, denn auch diese seien Menschen:

»Diese Leute zweifeln an der Menschheit überhaupt und kanoni-
sieren einzelne Menschen. Sie entwerfen ein abschreckendes Bild
von der menschlichen Natur und verlangen in einem, daß wir vor
dem Heiligenbild einzelner Privilegierter niederfallen« (65).

Der Nachweis eines Widerspruchs überführt den Gegner,
ohne dass man selbst Farbe bekennen muss. Doch daneben
artikuliert Marx auch eine eigene, alternative anthropologische Auffassung: Freiheit ist für Marx, der darin auf Zustim-
mung seiner Leser rechnet, »das Wesen der Menschen« (51).
Es gebe eine »allgemeine Freiheit der menschlichen Natur«
(47), darum sei die Presse eine »Verwirklichung der menschlichen Freiheit« (50) und ihre Einschränkung durch Zensur
ein Vergehen. Wenn Freiheit aber zum Wesen des Menschen
gehört, kommt man auch in Sachen Presse zur gesellschaftlichen Gleichheit: »Der Tagelöhner ist ebenso befugt darüber
zu schreiben, ob an Feiertagen zu arbeiten sei oder nicht, als
der Theologe« (MEW 1, 72). Diese Freiheitsanthropologie wird
in den Pariser Manuskripten von 1844 näher ausgeführt, sie
wirkt fort in der Zielvorgabe der »freie[n] Entwicklung aller«
im *Manifest* (MEW 4, 482) und zieht sich noch bis in das *Kapital*, wo vom »Verein freier Menschen« die Rede ist (MEW 23, 92,
dazu Henning 2015 b, 487 ff.).

Was einer Verwirklichung dieser Freiheit bislang im Wege
stand haben wir bereits benannt. Es ist zunächst die gesellschaftliche Ungleichheit, die Gliederung der Menschen in unterschiedliche Stände oder Klassen. Wichtig daran ist für Marx
nicht nur das *factum brutum* der Ungleichbehandlung, sondern
auch deren kulturelle Auswirkungen. So wird bereits in dieser
frühen Schrift deutlich, dass die unterschiedlichen sozialen
Standorte bei den Beteiligten zu verschiedenen Perspektiven
führen. Nicht nur in der sozialen Welt, auch in der Wissenschaft sind verschiedene Perspektiven möglich – je nach sozia-
lem Standort kommen andere Dinge in den Blick. Die Kunst, an

der sich schon Hegel versuchte, ist es, diesen jeweiligen Blickwinkeln gerecht zu werden, ohne sich in der Begrenztheit einer Perspektive häuslich einzurichten und so zu vergessen, dass es noch andere gibt. Daher gibt sich Marx noch im *Kapital* große Mühe, die verschiedenen Ansichten zu verbinden. Er nimmt verschiedene Standpunkte ein: die des Kapitalisten, des Arbeiters, sogar die der Ware (MEW 23, 97), eines Historikers und eines messerscharfen Analytikers. Versuche, solch eine multiperspektivische Sichtweise einzunehmen, um die Sicht der Einzelnen aufzunehmen, aber die Einseitigkeit jeder Perspektive zu überwinden, hat es in der Philosophie öfter gegeben – Platon hatte dafür den Dialog benutzt. Doch erst die »Wissenssoziologie«, etwa bei Karl Mannheim und Pierre Bourdieu, hat diese Beeinflussung theoretischer Aussagen durch den sozialen Ort der jeweiligen Subjekte direkt zum Thema gemacht. Mannheim wie Bourdieu griffen dabei stark auf Marx zurück – das gehört zu seinen wichtigsten wissenschaftlichen Folgen.

Marx entwickelt neben dieser Wissenssoziologie einen weiteren »Perspektivismus«, der Probleme jeweils vom Standpunkt einer bestimmten gesellschaftlichen Sphäre aus betrachtet. Marx kannte durchaus den soziologischen Gedanken der Ausdifferenzierung moderner Gesellschaften:

> »Jede bestimmte Sphäre der Freiheit ist die Freiheit einer bestimmten Sphäre« (MEW 1, 69).
> »So wenig ihr den Arzt fragt, ob er gläubig sei, so wenig habt ihr den Politiker zu fragen« (MEW 1, 103).

Von einem solchen Standpunkt aus (dem politischen, religiösen etc.) sind nur bestimmte Dinge sichtbar, andere hingegen nicht. Die Soziologie spricht heute von Invisibilisierungseffekten von Organisationsstrukturen. Das Nicht-Sehen wichtiger Aspekte liegt keineswegs nur an der Zugehörigkeit zu einer bestimmten Klasse, sondern auch an der spezifischen Optik der gesellschaftlichen Sphäre, in der man sich gerade bewegt.

Wie gesehen, interessiert sich Marx dabei insbesondere für die (Nicht-)Wahrnehmung bestimmter Handlungsoptionen oder Rechte mit der Absicht, für die Wahrnehmung dieser Optionen zu sensibilisieren. Die Presse selbst schafft Sichtbarkeiten und verändert damit die Rechtslage: Werden die Debatten des Landtags veröffentlicht und können sie in der Presse diskutiert werden, dann sind die Vertreter im Landtag gezwungen, ihre Rolle als Repräsentanten ernster zu nehmen – denn die von ihnen Vertretenen können sie nun zur Rede stellen. Das ist ein Gedanke, der noch in der Diskurstheorie des Rechts von Jürgen Habermas eine große Rolle spielt (dazu Henning 2017): Man muss sich in einer Demokratie selbst als Mitautor der Rechte begreifen können. Das kann man nur, wenn die Prozesse der Rechtssetzung durch eine freie und engagierte Berichterstattung transparent bleiben.

Was trübt die Wahrnehmung dieser Rechte? (»Wahrnehmung« ist hier im Doppelsinn zu lesen: Man kann diese Rechte ausüben, aber dafür muss man sie zunächst bemerkt haben.) Besonders das Bürgertum bereitete Marx Kummer: Er bescheinigt ihm die »Ohnmacht eines halben Liberalismus« (MEW 1, 76) oder »Scheinliberalismus« (MEW 1, 4). Eigentlich könnte das Bürgertum seine politischen Rechte und Handlungsmöglichkeiten besser wahrnehmen und auf diese Weise im rückwärtsgewandten Deutschland politische Reformen erzwingen. Es gab schließlich weder Pressefreiheit noch eine Verfassung, weder ein Parlament noch ein allgemeines Wahlrecht; doch gab es Signale eines Einlenkens des preußischen Königs, der einige Jahre später sogar eine Nationalversammlung einberief. Noch als Marx sich dem Proletariat zuwandte, betrachtete er diese Errungenschaften als Voraussetzungen eines politischen Kampfes; doch bezweifelte er nach 1849, als die Ansätze zu einer demokratischen Umgestaltung in Deutschland gescheitert waren, dass das Bürgertum, insbesondere das deutsche, sich noch für solche Reformen einsetzen würde. Es konnte daher als eine Aufgabe des Proletariats erscheinen, zusammen mit dem Bürgertum, oder zur Not sogar an seiner Stelle, diese politischen Reformen durchzukämpfen, obwohl es selbst noch ganz andere politische Ziele mitbrachte. An dieser paradoxen Doppeltendenz hatte Marx in den Folgejahren zu laborieren.

Woran liegt es nun, dass das Bürgertum sich in Deutschland zwar als »bourgeois« (Wirtschaftsbürger), nicht aber als »citoyen« (Staatsbürger) begriff (MEW 1, 65)? Marx, und im Anschluss daran die Kritische Theorie seit Georg Lukács, artikuliert dazu die Vermutung der Verdinglichungskritik, einer Kritik an der Kommerzialisierung sowohl der Lebenswelt wie des Systems. Es ist vor allem die Wahrnehmung der Rechte aus Sicht des Gewerbes, aus der Sicht der gefühllosen »baren Zahlung« (MEW 4, 464), die Marx speziell dem Bürgertum zuschreibt. Eine ökonomische Interpretation von Rechten ist deswegen problematisch, weil Rechte nur solange als wertvoll und schützenswert erachtet werden, wie ihre Befolgung sich ökonomisch lohnt. Sobald sie nichts einbringen oder gar etwas kosten, haben sie keinen eigenen Wert mehr – aber genau das geht an ihrem eigentlichen Sinn vorbei, der für Marx gerade kein ökonomischer ist. Diese Kritik, die sich hier nur angedeutet findet, entwickelt Marx 18 Monate später weiter zu einer fulminanten Kritik des bürgerlichen Rechts selbst (also nicht nur seiner Interpretation), vor allem des neu ausgerufenen Menschenrechts. So artikulierte es der Aufsatz zur Judenfrage (erschienen 1844): »Die praktische Nutzanwendung des Menschenrechts der Freiheit ist das Menschenrecht des Privateigentums« (MEW 1, 365; vgl. Maihofer 1992, Menke 2015). Diese Kritik führt Marx in den Grundrissen und im Kapital weiter, und sie prägte seinen politischen Grundansatz einer Skepsis gegenüber rechtlich-politischen Reformen.

Religionskritik

Neben dieser Kritik des Rechts und seiner verdinglicht-kommerzialisierten Wahrnehmung stecken aber noch andere Keime in diesem Text. Nehmen wir etwa die Religionskritik, die Marx in den 1840er Jahren weiter beschäftigte. Auch sie hängt eng mit dieser frühen Auseinandersetzung um die Pressefreiheit als Motor der Demokratisierung zusammen, aus zwei Gründen: Zum einen waren religiöse Themen, oder besser: die Kritik daran, ein Gegenstand, der oft von Zensurmaßnahmen betroffen war. Eine Religionskritik hatte beispielsweise zum Berufsverbot von Marxens Mentor Bruno Bauer geführt, weswegen Marx überhaupt erst zum Journalisten geworden war (als Plan B, anstelle einer akademischen Anstellung). Zum anderen wurde zur Rechtfertigung dieser Zensur ebenfalls auf bestimmte theologische Annahmen rekurriert; Religion wurde also auf bestimmte Weise politisch instrumentalisiert. Marx kritisiert beides, sowohl die Religion selbst als auch ihre politische Instrumentalisierung. Die beiden Kritiklinien treten häufig zusammen auf, sind in der Sache aber zu trennen – und zwar deswegen, weil die Kritik an der Instrumentalisierung von Religion selbst auf theologische Argumente zurückgriff, sogar bei Marx. Der Lehrstuhl seines Mentors Bauer wäre ein theologischer gewesen, und man kann davon ausgehen, dass Marx nicht nur mit der Bibel (Buchbinder 1976), sondern auch mit der zeitgenössischen Theologie vertraut war.

Marx' Kritik an der Instrumentalisierung von Religion besagt, dass eine Ersatzerklärung durch religiöse Zusatzannahmen (Mystifizierung) immer dann auftritt, wenn eine vernünftige Erklärung fehlt, die der Prüfung der Öffentlichkeit standhalten könnte. In der Religion gibt es unverstehbare Themen (die Dreifaltigkeit, zwei Naturen Christi etc.). Ein religiöser Anschein wird daher benutzt, um etwas Weltliches, das für die Vernunft keinen Sinn macht, akzeptierbar zu machen:

»Weil [...] die wirkliche Stellung dieser Herren im modernen Staat keineswegs dem Begriff entspricht, den sie von ihrer Stellung haben, weil sie in einer Welt leben, die jenseits der wirklichen liegt, weil also die Einbildungskraft ihr Kopf und ihr Herz ist, so greifen sie, in der Praxis unbefriedigt, notwendig zur Theorie, aber zur Theorie des Jenseits, zur Religion, die jedoch in ihren Händen eine polemische, von politischen Tendenzen geschwängerte Bitterkeit empfängt und mehr oder weniger bewußt nur der Heiligenmantel für sehr weltliche, aber zugleich sehr phantastische Wünsche wird« (MEW 1, 47 f.).*

Auf ähnliche Mystifizierungen aufgrund von fauler Vernunft bleibt Marx in den folgenden Jahrzehnten geradezu allergisch und kritisiert sie unnachgiebig – einerlei ob bei den Junghegelianern (die sich als »heilige Familie« gerierten) oder bei bürgerlichen Nationalökonomen, die den »theologischen Mucken« des Warenfetisch auf den Leim gingen (MEW 23, 85).

Der Witz ist nun, dass man diese fragwürdige Instrumentalisierung der Religion sehr wohl kritisieren kann, ohne die Religion selbst anzugreifen. Marx berührt sich hier mit einer Strömung der Theologie des 20. Jahrhunderts, die es ebenfalls ablehnte, Gott lediglich als »Arbeitshypothese« zu benutzen (so etwa Dietrich Bonhoeffer oder Dorothee Sölle). Und so beruft sich Marx dafür zwar einerseits erneut auf Widersprüche seiner Gegner, was eine große Wirkung hat, da es diese bloßstellt, Marx selbst aber keine Position beziehen muss (»Das Christentum ist seines Sieges gewiß, aber es ist [...] seines Sieges nicht so gewiß, um die Hilfe der Polizei zu verschmähen«, MEW 1, 93; »Handelt der größte Teil eurer Prozesse und der größte Teil der Zivilgesetze nicht vom Besitz? Aber es ist euch gesagt, daß eure Schätze nicht von dieser Welt sind«, MEW 1, 101, nach Mt 22,21).

Dabei bezieht sich Marx andererseits auch auf theologische Argumente, wie sie »der tüchtigste und konsequenteste Teil der protestantischen Theologen« (92) darlegt. Da ist zum einen die Einsicht, dass die Religion, sobald man über konfessionelle Besonderheiten hinausgeht, selbst einen säkularen *Kern* hat (etwa MEW I, 10 ff.); man also im Weltlichen über die Forderungen der Vernunft auch mit der Religion nicht hinwegspringen kann. Da ist zum anderen die Einsicht, dass die spezifisch konfessionellen *Details* mit der weltlichen Vernunft dagegen nicht mehr zu vereinen sind (MEW I, 92). Daher verbietet sich die Vermengung von Religion und Politik, schon allein weil es verschiedene Religionen und Konfessionen gibt (MEW I, 12), wie John Rawls später immer wieder betonen wird.

An diesem Punkt kommt Marx erneut auf die These der gesellschaftlichen Ausdifferenzierung sozialer Sphären mit unterschiedlichen Eigenlogiken zurück.

> *»Wer sich mit der Religion verbünden will aus Religiosität, muß ihr in allen Fragen die entscheidende Stimme einräumen, oder versteht ihr vielleicht unter Religion den Kultus eurer eignen Unumschränktheit und Regierungsweisheit?«* (MEW 1, 12).

Aus der Logik dieser Standpunktphilosophie heraus – die wohlgemerkt eine Kritik an der politischen *Instrumentalisierung* der Religion darstellt, noch keine Kritik der *Religion* – verteidigt Marx wenig später sogar das Recht der Diaspora-Juden auf die Ausübung ihrer eigenen Religion: Vom politischen Standpunkt aus könne man gar nicht anders urteilen, eben weil die Politik innerhalb der Religion nichts zu sagen habe, oder genauer: weil die Religionsfreiheit eine Freiheit zur Ausübung der Religion sei (so die Kritik am alten Freund Bruno Bauer in *Zur Judenfrage* von 1844, MEW I, 351 f.). Das betrifft nicht nur die Juden, sondern schon die Katholiken innerhalb Preußens, die ja damals den Großteil der Leserschaft von Marx ausmachten, oder die unterdrückten Polen, die Marx publizistisch gegenüber dem zaristischen Russland in Schutz nahm. Die Duldung der Religion bringt Marx 30 Jahre später so auf den Punkt: »Jeder muß seine religiöse wie seine leibliche Notdurft verrichten können, ohne daß die Polizei ihre Nase hineinsteckt« (MEW 19, 31, von 1875). Dessen ungeachtet hatte Marx allerdings auch eine eigene Position zur Religion. Oft werden beide Positionen nicht genügend auseinander gehalten. Die Kritik an der Religion war für Marx allerdings keineswegs zentral – für ihn war sie schon 1844 »im wesentlichen beendigt« (MEW 1, 378). Damit sind wir wieder bei der Entfremdungstheorie angekommen, die bereits angeklungen war. Oben hatten wir ihre politische Variante kennengelernt: Volksvertreter können sich vom vertretenen Volk entfremden und umgekehrt, wenn nicht durch Pressefreiheit eine Verständigung zwischen ihnen sichergestellt ist (MEW 1, 42). Entfremdung entsteht also, wenn eine Verbindung zwischen zusammengehörigen Gliedern unterbrochen wird. Es deutet sich bereits eine soziale Anthropologie an, wie sie Marx 1844 in Bezug auf die Arbeit im Kapitalismus ausformulierte – hier geschieht es noch in Bezug auf die Zensur, aber das Argument ist ähnlich:

> »Die Presse ist die allgemeinste Weise der Individuen, ihr geistiges Dasein mitzuteilen. [...] Wollt ihr die geistige Mitteilungsfähigkeit an besondere äußerliche Merkmale amtlich festbannen? Was ich nicht für andere sein kann, das bin ich nicht für mich und kann ich nicht für mich sein« (MEW 1, 73).

Die Ausbildung einer Persönlichkeit ist daran gebunden, dass Menschen sich selbst ausdrücken und darin anderen mitteilen (hier noch »geistig«, 1844 beinhaltet es auch andere Weisen des Ausdrucks, etwa durch Tanz oder Produktion, MEW 40, 465). Die sinnhafte Verbindung zwischen Menschen wird durch Zensur gekappt. Bei Marx tritt später das Privateigentum an Produktionsmitteln an diese Stelle, das Argument jedoch bleibt gleich.

Was hat das mit Religion zu tun? Im Sinne von Ludwig Feuerbachs Religionskritik von 1841 (*Das Wesen das Christentums*) begreift Marx auch die Religion als menschlichen Ausdruck, allerdings als einen, der nicht mehr als solcher begriffen wird. Dafür ist damals bereits der Terminus »Fetisch« im Umlauf (vgl. MEW 1, 91, 147; Marx entnahm ihn der Kunst- und Religionsgeschichte, etwa de Brosses 1760). Nicht in der ›Diagnose‹, sondern erst in der ›Therapie‹ trennt sich Marx von den anderen Junghegelianern wie Ludwig Feuerbach, Bruno Bauer, Arnold Ruge oder Max Stirner. Es mag in der Theorie so aussehen, als handele sich um ein kognitives Problem, um ein »Vergessen« der eigenen Konstruktion (MEW 1, 42). Dann müsste der Philosoph die Menschen nur daran erinnern. Marx rang sich in dieser Zeit jedoch zu einer praxisphilosophischen Position durch. Sie lässt sich wie folgt zusammenfassen:

Es gibt Erkenntnisse von Dritten (nennen wir sie Auffassung 1), die an Menschen abperlen und folgenlos bleiben, weil ihre Auffassung 2 (aus der Sicht der Dritten ein Irrtum) in die Praxis dieser Menschen eingebunden ist, in ihr eine möglicherweise elementare Funktion haben. Dann ist Auffassung 2 ein Ausdruck der Praxis (»Ausdruck des wirklichen Elends«, MEW 1, 378): Es handelt sich nicht um eine beliebige Theorie, sondern um ein Resultat der Praxis, um eine Form der indirekten Problembewältigung (»die Protestation gegen das wirkliche Elend«, 378). Wollen die Dritten diese Menschen von ihrem ›Irrtum‹ abbringen, so reicht es nicht, ihnen eine ›Wahrheit‹ zuzurufen, es muss sich die Praxis ändern, deren Ausdruck Auffassung 2 ist. Nehmen wir als Beispiel eine Gewichtszunahme infolge von Liebeskummer. Die betroffene Person frisst ihren Kummer in sich hinein, weil der Kummer real *schmerzt* (»Der Mensch ist, was er ißt«, sagte Feuerbach treffend). Hier hilft es nichts, der betroffenen Person zuzurufen, dass Schokolade dick macht und zuviel Gewicht ungesund sein kann. Vielmehr gilt es, auf praktische Weise einen Ausweg aus dem Kummer zu finden – indem man Ablenkung schafft, neue Menschen, vielleicht einen neuen Partner kennenlernt oder andere Formen der Bewältigung findet. Ähnlich verhält es sich für Marx mit der Religion (sowie später mit dem »Warenfetischismus«):

> »Der Kampf gegen die Religion ist also mittelbar der Kampf gegen jene Welt, deren geistiges Aroma die Religion ist. [...] Die Forderung, die Illusionen über seinen Zustand aufzugeben, ist die Forderung, einen Zustand aufzugeben, der der Illusionen bedarf« (MEW 1, 378 f.).

In der Sache bedeutet dies, dass Marx die Religion zwar für eine problematische Praxis hält, die kognitiv eine Verzerrung der Wirklichkeit und praktisch eine Versöhnung mit den verkehrten Verhältnissen bewirkt. Doch er begreift es gerade nicht als eine Aufgabe der Kritik, diese theoretische Religionskritik weiter breit zu treten. Es geht vielmehr um die Analyse der praktischen Gründe dafür, dass es einer geistlichen Kompensation überhaupt bedarf. Die achte der Thesen über Feuerbach von 1845 pointiert das so:

> »Alle Mysterien, welche die Theorie zum Mystizismus veranlassen, finden ihre rationelle Lösung in der menschlichen Praxis und in dem Begreifen dieser Praxis« (MEW 3, 7).

Kritik der Politik

Das führt zu der entscheidenden Frage, was eigentlich die praktischen Gründe dafür sind, dass die Welt dieses »Heiligenmantels« (MEW 1, 48) bedarf. Ein nächster Schritt, der Marx schließlich von der Position der Aufsätze über Pressefreiheit wegführt, ist die Analyse und Kritik der Politik. In den frühen Aufsätzen versucht Marx noch, den Motor der demokratischen Politik auch in Deutschland anzuwerfen und das Bürgertum durch seine drastische, aber niemals vor den Kopf stoßende Polemik aufzuwecken. Dabei verwendet Marx die Semantik des »Traumes« und des Erwachens, die Walter Benjamin in den 1930er Jahren wieder aufgreift (MEW 1, 29, 346, 360).

Obwohl die politische Bewegung in Deutschland nur schleppend vorankommt, werden Marx bereits die Grenzen der Politik klar. Zum einen haben wir es mit dem benannten Problem der Unsichtbarkeit durch die moderne Ausdifferenzierung von Sphären zu tun: Die Politik will zwar das Ganze sein, bleibt aber letztlich eine besondere Sphäre. Ein erstes Manko ist daher, dass sie nur »politische« Probleme sehen kann – und darum immer nur sich selbst sieht. Niklas Luhmann (1981) vorwegnehmend bemerkt Marx spöttisch, »daß das Katasterbüro bei Begutachtung der Moselgegend hauptsächlich die Unfehlbarkeit des Katasters geltend macht« (MEW 1, 185). Hier geben sich Ineffektivität und *autopoiesis* (Selbst-Reproduktion: jede Verwaltung schafft neue Verwaltung) die Hand, ganz wie es schon Wilhelm von Humboldt beschrieb:

> »Der einzelne [...] Beamte sieht nicht absichtlich, sondern notwendig
> die Zustände besser oder anders an, als sie sind. Er glaubt, die Frage,
> ob sich seine Gegend wohl befinde, sei die Frage, ob er sie wohl ver-
> walte. [...] Daß er selbst gut verwaltet, davon kann er die gewissen-
> hafteste Überzeugung haben. Die höhere kollegialische Behörde muß
> nun offenbar ihren Beamten höheres Vertrauen schenken als den
> Verwalteten, von welchen die gleiche, amtliche Einsicht nicht zu prä-
> sumieren ist« (MEW 1, 186).

Durch diese Selbstüberschätzung werden Probleme, die sich resistent zeigen, schnell zu unlösbaren erklärt.

> »Je eifriger und redlicher daher eine Regierung strebt, innerhalb der
> einmal angenommenen und sie selbst beherrschenden Verwaltungs-
> maximen und Einrichtungen einen [...] Notstand zu heben, um
> so inniger, aufrichtiger, entschiedener wird ihre Überzeugung, daß
> dies ein inkurabler Notzustand sei, an dem die Verwaltung, d. h.
> der Staat, nichts ändern könne« (MEW 1, 186 f.).

Diese Schrumpfung der Politik, die Probleme nicht mehr angeht, sondern nur noch verwaltet, nannte Jacques Rancière (2002) später »Polizei«, im Unterschied zum »Politischen«. Marx beobachtet dies an verschiedenen Orten – hier am Beispiel des spätfeudalen Preußen. Das erinnert bereits an die Theorie der Bürokratie bei Max Weber.

Marx sieht im Kapitalismus allerdings noch ein weiteres, spezielles Problem, an dem das besonders gravierend hervortritt – die wachsende Armut. Schon Hegel stellte in seiner Rechtsphilosophie anhand einer Lektüre der englischen Nationalökonomie fest, dass sie für moderne Staaten ein unlösbares Problem darstelle, da »bei dem Übermaße des Reichtums die bürgerliche Gesellschaft nicht reich genug ist, [...] dem Übermaße der Armut und der Erzeugung des Pöbels zu steuern« (Hegel 1821, § 245). Sie ist nicht reich genug, weil der Staat dieses Problem nur lösen kann, indem er in die Wirtschaft eingreift, aber jeder dieser Eingriffe das Problem nur verschlimmern kann: Er kann entweder Almosen verteilen, wodurch er aber die Arbeitsmoral untergräbt. Oder er kann künstlich Arbeitsplätze schaffen, womit er aber reguläre Arbeitsplätze gefährdet. Beides stellt keine Lösung dar. Zumindest sieht dies vom Standpunkt der liberalen Ökonomie so aus, auf die sich Hegel hier verlässt (natürlich ist das nur ein Standpunkt von vielen).

Auch der junge Marx entwickelt die pointierteste Variante seiner Staatskritik an diesem Beispiel – an der Armenpolitik Englands. Sein ehemaliger Mitstreiter Arnold Ruge, der 1848 sogar in der Nationalversammlung der Frankfurter Paulskirche saß, hatte in einem Aufsatz den Schlesischen Weberaufstand vom Juni 1844 abwertend kommentiert. Die Weber hatten gegen zu niedrige Löhne protestiert, dabei war es zu Plünderungen bei besonders ungeliebten Fabrikanten gekommen. Die Armee griff ein, zunächst erfolglos, aber mit Verstärkung schlug sie die Proteste dann gewaltsam nieder. Es gab 11 Tote.

Dieses Ereignis stieß auf ein großes Echo, von Heinrich Heines Lied über die »armen Weber« (es erschien 1844 im selben Organ wie der Text von Marx, im *Vorwärts*) bis hin zu Gerhard Hauptmanns Drama *Die Weber* von 1892. Selbst dessen Aufführung wurde von den Behörden noch zensiert, was zeigt, dass das Thema der staatlichen Zensur in Deutschland lange aktuell blieb (und andernorts noch heute ist).

Ruge nun stellte dieses Ereignis in den Kontext der politischen Theorie. Seine erste These ist, dass dieses Ereignis kein »politisches« war. (Übrigens hält noch Jürgen Habermas Heinrich Heine, der ja über die Weber gedichtet hatte, für »unpolitisch«.) Warum? Weil die Not der Weber bloß »partiell« gewesen sei, also nur eine kleine Gruppe betraf, und daher »in einem unpolitischen Lande, wie Deutschland«, nicht als »eine allgemeine Angelegenheit«, also nicht als politisches Thema wahrgenommen werde (Ruge, in MEW 1, 392). Ruges zweite These verstand Marx so, dass die Lösung des Armutsproblems dennoch vom König angegangen werden könne, wenn er es als eine Sache der Verwaltung und Mildtätigkeit deute – also einer Sozialpolitik. »Warum ordnet der König von Preußen nicht sogleich die Erziehung aller verwahrlosten Kinder an?« (Ruge, in MEW 1, 399).

Ruge meint also, das Problem sei nicht politisch, doch es könne eine politische Lösung geben. Marx meint umgekehrt, es sei sehr wohl ein politisches Problem, unter gegebenen Umständen kann es jedoch keine politische Lösung geben. Uns interessieren nicht die Details der überbordenden Polemik gegen seinen alten Freund Ruge (mit ihm hatte er noch ein halbes Jahr zuvor die *Deutsch-Französischen Jahrbücher* herausgegeben). Wie so oft bildeten sie für Marx nur den Anlass, seine eigenen Gedanken vor einer Negativfolie darzulegen. Uns interessieren vielmehr diese Marxschen Thesen über die Grenzen des Politischen, denn die hier artikulierte Überzeugung blieb für Marx leitend.

Warum deutet Marx den Aufstand als politisch? Für Marx ist die gewaltsame Niederschlagung eines Arbeiteraufstands sehr wohl ein politisches Ereignis, nur richten sich die Arbeiter nicht gegen den Staat oder den König, sondern gegen das Bürgertum (MEW 1, 393). Das sei eine neue Form von Politik, die es zunächst zu verstehen gelte. Da die Konfliktlinie nicht zwischen Staat und Arbeitern verläuft, ist der Staat gegenüber der Not der Arbeiter machtlos. Das ist der erste Grund, warum es für Marx keine politische Lösung geben kann. Hier führt Marx im Detail aus, was Hegel seinerzeit nur angedeutet hatte: Verschiedene Versuche, das wachsende Elend der Arbeiter von staatlicher Stelle zu mildern, seien in der Vergangenheit grandios fehlgeschlagen, in England ebenso wie in Frankreich und nun in Preußen. In England habe die Sozialpolitik letztlich nur die Armen für ihre Armut bestraft. In einer psychologisch hellsichtigen Analyse sieht Marx, wie diese Politik von Ressentiments getrieben war: Die *workhouses* stellten eine »Rache der Bourgeoisie an dem Elenden« dar (MEW 1, 398). Da das zunehmende Elend der Arbeiter ein Effekt der Industrialisierung ist, die das Bürgertum reich gemacht hat, stellt die Tatsache der Bittstellung Notleidender eine Art Anklage dar (mit Brecht: »Wär ich nicht arm, wärst du nicht reich«), die den Zorn der Reichen weckt. Darum dienten die *workhouses* nicht nur der minimalen Versorgung der verzweifelten Armen, sondern zugleich auch ihrer Erniedrigung und Entwürdigung (offiziell, um damit einen Arbeitsanreiz zu schaffen). Man erhielt nur das absolute Minimum, wurde aber gezwungen, harte Arbeit zu leisten oder gar in überwachten Institutionen zu wohnen. Das folgte aus einer Diagnose, derzufolge die wachsende Zahl der Armen und Arbeitslosen nur ein Effekt der älteren Sozialpolitik sein könne. Das ist der beschriebene Effekt, dass jede Sphäre nur sich selbst sieht: Sozialpolitik sieht als Problemursache nur eine frühere Sozialpolitik. Die ältere Sozialpolitik hätte Nicht-Arbeit gewissermaßen belohnt, so dass sich immer mehr Menschen in diese

»soziale Hängematte« (Gerhard Schröder) begeben hätten. Daher bestand der englische Weg der Sozialpolitik seit 1832, den Marx hier beschreibt (MEW 1, 398), und der von Joseph Townsend und Thomas Malthus tatsächlich so vorgeschlagen wurde (Polanyi 1944), in ihrer eigenen Selbstabschaffung. Marx baute diese Analyse im *Kapital* später aus (im Kapitel zur »ursprünglichen Akkumulation«, MEW 23, 760 ff.).

Dieser Punkt ist erstaunlich aktuell, denn die Hartzreformen in Deutschland sowie die Wohlfahrtsreformen von Bill Clinton in den USA und Tony Blair in Großbritannien haben ebenfalls nach diesem Muster funktioniert: Die aus Sicht der Reformer zu hohe Zahl der Arbeitslosen wurde vor allem als Effekt vorangegangener (zu generöser) Sozialpolitik gedeutet. An die Stelle derselben trat ein System, das Sozialhilfe stark kürzte (in der Bezugszeit wie in der Höhe) und paradoxerweise an die Ausübung einer Arbeit band (paradox, weil der Grund für die Arbeitslosigkeit in der Regel das Fehlen einer solchen Arbeit ist). Der Effekt dieser Politik ist ein Zwang, immer schlechtere Arbeitsstellen anzunehmen; eine staatlich verordnete Proletarisierung, eine Abstiegsgesellschaft.

Marx zieht daraus nicht den Schluss, den Marxisten im 20. Jahrhundert zogen, dass der bürgerliche Staat nur der »Staat des Kapitals« ist (Johannes Agnoli), sondern eher den, dass der Politik generell enge Grenzen gesetzt sind. Denn auch ein Staat, der anderes vorhat als das ausgesprochen wirtschaftsliberale England – wofür hier Frankreich steht – kann am Ende nicht viel ausrichten: Frankreich habe zwar Lösungen befohlen und einige Eigentümer geköpft (MEW 1, 401), konnte damit aber ebensowenig gegen die Verarmung ausrichten. Dieses Los würden auch die von Ruge vorgeschlagenen christlichen Appelle der preußischen Monarchie teilen.

Es lassen sich zwei Begründungen dieser Diagnose der engen Grenzen der Politik gegenüber der »sozialen Frage« unterscheiden. Das erste Argument besteht in der schon mehrfach genannten Blickverengung aufgrund der gesellschaftlichen Ausdifferenzierung verschiedener Sphären (die man üblicherweise erst Max Weber zuschreibt, die aber schon für Marx vorauszusetzen ist): »Der politische Verstand ist eben politischer Verstand, weil er innerhalb der Schranken der Politik denkt« (MEW 1, 402). Das zweite Argument behandelt speziell die Politik im Kapitalismus genauer: Politik ist für Marx eine bestimmte Formierung in der Gesellschaft, die eine Funktion in Bezug auf diese Gesellschaft hat (»Der Staat ist die Einrichtung der Gesellschaft«, MEW 1, 401). Doch genau darum ist die Gesellschaft bereits vorausgesetzt, hat der Staat sie zu ihrer »Grundlage« (MEW 1, 369). Man sägt nicht am Ast, auf dem man sitzt (»Kein Lebendiger aber glaubt die Mängel seines Daseins im Prinzip seines Lebens, im Wesen seines Lebens begründet«, MEW 1, 402). Daher kann Politik ihre Grundlage in der Gesellschaft »nicht aufheben, ohne sich selbst aufzuheben«: »wo das bürgerliche Leben und seine Arbeit beginnt, eben da hat ihre Macht aufgehört« (MEW 1, 401).

Diese Rede von »Grundlagen« lässt sich mit dem sogenannten Böckenförde-Paradox erläutern (das eigentlich kein Paradox, sondern eine Abhängigkeit benennt): »Der freiheitliche, säkularisierte Staat lebt von Voraussetzungen, die er selbst nicht garantieren kann« (Böckenförde 1976, 60). Im Unterschied zu politischen Theologien seiner wie unserer Zeit, die meinen: »Die Religion ist die Grundlage des Staates« (MEW 1, 90), ist für Marx diese Grundlage allerdings nicht die Religion, sondern die bürgerliche Gesellschaft, denn deren Strukturen und Dynamiken werden von der Politik wie vor den Religion vorausgesetzt, affirmiert und bestärkt. (»Handelt der größte Teil eurer Prozesse und der größte Teil der Zivilgesetze nicht vom Besitz?« MEW 1, 101). Das ist ein materieller Grund dafür, warum es keine gelingende Sozialpolitik geben kann. Die Armut ist ein systemisches Problem, das aus der Grundlage des Staates selbst entsteht – aus der bürgerlichen Gesellschaft.

Was für die Sozialpolitik gilt, dürfte auch für andere Belange der Arbeiter gelten. Im Rückblick betrachtet Marx das als zentrale Einsicht der 1840er Jahre:

> »Meine Untersuchung mündete in dem Ergebnis, daß Rechtsverhältnisse wie Staatsformen weder aus sich selbst zu begreifen sind noch aus der sogenannten allgemeinen Entwicklung des menschlichen Geistes, sondern vielmehr in den materiellen Lebensverhältnissen wurzeln, deren Gesamtheit Hegel, nach dem Vorgang der Engländer und Franzosen des 18. Jahrhunderts, unter dem Namen ›bürgerliche Gesellschaft‹ zusammenfaßt, daß aber die Anatomie der bürgerlichen Gesellschaft in der politischen Ökonomie zu suchen sei« (MEW 13, 8, von 1859).

Was aber heißt dies für die Kritik der Politik? Es heißt nicht nur, dass die königlich-preußische Verwaltung dem Armutsproblem ebenso wenig Herr werden konnte wie eine bürgerlich-demokratische. Es heißt zugleich, dass angesichts der engen Grenzen der Politik auch die protestierenden Arbeiter ihre Anliegen nicht vorrangig als »politische« verstehen sollten. Denn solange das Proletariat (das mit dieser Schrift in das Zentrum der Marxschen Aufmerksamkeit rückt) »in der Form der Politik denkt, erblickt es den Grund aller Übelstände im Willen und alle Mittel zur Abhülfe in der Gewalt und dem Umsturz einer bestimmten Staatsform« (407). Wenn aber nicht die Staatsform, und schon gar nicht einzelne Politiker, für die Übel haftbar zu machen sind, weil es sich um systemische Effekte des Kapitalismus handelt, dann ist eine solche Politik fehlgeleitet. Es ist eine Verschwendung von Kraft. Diese Einsicht hat Marx bereits 1842 formuliert (»Oder sollen etwa die objektiven Fehler einer Institution den Individuen zur Last gelegt werden, um ohne Verbesserung des Wesens den Schein einer Verbesserung zu erschleichen?« MEW 1, 4). Und noch im Vorwort zum *Kapital* macht Marx darauf aufmerksam, dass es ihm nicht um Verurteilung von Individuen geht (MEW 23, 16).

Versuchen wir, all diese Einsichten zusammenzufassen. Neben der Kritik an einer Instrumentalisierung von Religion, die vor allem dann auftritt, wenn die Analyse sozialer Missstände vermieden wird, gab es bei Marx auch eine Kritik an der Religion selbst, indem er sie als Ausdruck eines weltlichen Elends begriff. Gegen Elend helfe aber keine Theorie, sondern nur eine Praxis, welche den Missständen entgegenwirke. Die Frage war dann, welche Praxis das sein könne – und die Antwort ist zunächst: eine politische. Die erste nötige Praxis ist die Errichtung von demokratischen Institutionen. Obwohl diese Entwicklung sich in vielen westlichen Ländern bereits vollzogen hatte, und zwar getrieben vor allem vom neu entstandenen Bürgertum, machte das Bürgertum in Deutschland wenig Anstalten, diese Demokratisierung wirksam anzugehen. Aber das lag nicht an der Religion, wie die Junghegelianer vermuteten, da sie als Ausdruck der Verhältnisse auf diese lediglich reagiert und sie nicht hervorbringt.

Marx brachte das auf zwei weiterführende Überlegungen: Zum einen bot er Erklärungen dafür an, warum das deutsche Bürgertum sich gegenüber der Aufgabe dieser Demokratisierung regelrecht immunisiert hatte. Hier kommen die Entfremdungs- und Verdinglichungstheorie ins Spiel. Marx musste seine Erklärungsversuche wenig später auf das französische Bürgertum ausdehnen, welches 1848 Bonaparte III. an die Macht gebracht hatte. Zum anderen entwickelte er die geschilderte Kritik der Politik, derzufolge das Bürgertum, wenn es sich einmal zur Demokratisierung entschlösse, ja sogar wenn es eine arbeiterfreundliche Sozialpolitik einführen würde, nur begrenzte Verbesserungen würde erzielen können. Daher bleibt die Religion als »Protestation gegen das wirkliche Elend« (MEW 1, 378) weiterhin eine Macht. Wo das Elend bestehen bleibt, bleiben auch Illusionen funktional. Das haben Ernst Bloch und Walter Benjamin in der Folge von Marx weitergedacht.

Es galt für Marx nun, Formen einer Praxis zu finden, die

diese Grenzen sprengen könnte. An der Politik kommt man dabei nicht gänzlich vorbei (»Jede Revolution stürzt die alte Gewalt, insofern ist sie politisch«, MEW 1, 409). Doch ihre Aufgabe ist es zunächst nur, die alten Formen zu überwinden, die die Wurzeln des Übels unangetastet lassen, und auf der Grundlage einer neuen Gesellschaft neue Formen zu finden, die nicht mehr der Politik im alten Sinne entsprechen – eine andere, postpolitische Politik des Proletariats. Daher »schleudert der Sozialismus die politische Hülle weg«, sobald sie ihre Aufgabe erfüllt haben wird (MEW 1, 409, von 1844). So warnt Marx noch 1871: »Aber die Arbeiterklasse kann nicht die fertige Staatsmaschinerie einfach in Besitz nehmen und diese für ihre eignen Zwecke in Bewegung setzen« (MEW 17, 336). Dieses komplizierte Verhältnis zur Politik war ein weiteres Thema, an dem Marx in der Zukunft zu laborieren hatte, vor allem in der Auseinandersetzung mit der sozialdemokratischen Partei, die seit 1875 im Deutschen Reichstag saß. Neuere politische Philosophen wie Alain Badiou oder Jacques Rancière haben das Problem geerbt und versuchen ihm durch Wortschöpfungen wie die Unterscheidung zwischen »Politik« und »dem Politischen« zu begegnen. Das erinnert mehr an Martin Heidegger als an Marx.

Neben dieser anspruchsvollen Aufgabe für die Praxis gab es in dieser Konstellation auch neue theoretische Aufgaben: Wenn so viel von der Gestalt der bürgerlichen Gesellschaft abhing, dann galt es, die politische Ökonomie der bürgerlichen Gesellschaft auf eine Weise zu begreifen, die nicht mit den blinden Flecken und Standortgebundenheit der bürgerlichen Ökonomie behaftet war. Auf ihre Empfehlungen war etwa die englische Sozialpolitik zurückgegangen, und das konnte nicht der Weisheit letzter Schluss sein. Dies war die Aufgabe, der sich Marx für den Rest seines Lebens verschrieb – sofern er nicht in politischen oder polemischen Fehden verstrickt war. Kommen wir damit zum Überblick über die Gestalt des reifen Marxschen Werks.

Die Struktur des Spätwerks

Liest man Früh- und Spätwerk zusammen, erschließt sich die Stoßrichtung des späteren Werkes besser. Die neue Arbeit an der politischen Ökonomie führt frühere Motive der Pressearbeit fort, die Marx ja weiter betrieb. Zwar war ein verändertes Bewusstsein noch kein Garant für eine Veränderung der Praxis, aber ohne Bewusstsein konnte es diese schwerlich geben. Marx hatte die Presse daher in den Bedeutungsraum des »Erwachens« oder »Bewußtseins« gestellt. Es ist nicht abwertend gemeint, wenn er von »gesellschaftlichen Bewußtseinsformen« sprach (MEW 13, 9), denn ein »bewußtes Sein« (MEW 3, 26) ist dem vorbewussten oder schlafenden Sein vorzuziehen. Ordnet Marx die Presse systematisch der bürgerlich-demokratischen Politik zu, so gilt Ähnliches für die Wissenschaft der politischen Ökonomie in Bezug auf die andere »Politik« der Arbeiterbewegung: auch sie ist Medium und Motor, eben Bewusstsein der Bewegung. Idealerweise jedenfalls sollte sie die reflektierte Form, vielleicht gar eine Anleitung zur Praxis der Gewerkschaften und Genossenschaften, der internationalen Bünde und lokalen Parteien darstellen. Denn wie die Misere der bürgerlichen Sozialpolitik, die Niederschlagung der 1848er Revolution oder später der Pariser Kommune anzeigten, war gut zu überlegen, was genau man eigentlich tun, wie man sich organisieren und was man von wem fordern wollte. Engels hatte das Problem der Offenheit der Forderungen in einer Rezension von Thomas Carlyle 1844 auf den Punkt gebracht:

»»Eine Million hungriger Arbeiter standen auf, kamen alle heraus auf die Straße und – standen da. Was sonst sollten sie tun? [...] Unsre Feinde sind, wir wissen nicht wer oder was; unsre Freunde sind, wir wissen nicht, wo?« (Carlyle) [...] Das war aber eben das Unglück der Arbeiter in der Sommerinsurrektion von 1842, daß sie nicht wußten, gegen wen sie kämpfen sollten. Ihr Übel war ein soziales –

und soziale Übel lassen sich nicht abschaffen, wie man das König-
tum oder die Privilegien abschafft« (Engels, MEW 1, 531).

Genau um diese Frage (mit Lenin: »Was tun?«) drehten sich
die Polemiken gegen Gesinnungsgenossen. Es handelt sich
um keine Parteilichkeit innerhalb der Wissenschaft – eine solche darf es vom »sachlichen Standpunkt« aus (MEW 1, 177)
nicht geben, denn eine politische Tendenz ist kein wissenschaftliches Argument (MEW 1, 13). Es geht vielmehr darum,
eine Art der Wissenschaft zu entwickeln, die der »selbstgefäl-
ligen Oberflächlichkeit« (MEW 1, 99) entkommt, die Marx und
Engels in den ökonomischen Schriften ihrer Zeit rasch diagnostiziert hatten. Deren »bezahlte Klopffechterei« nannten sie
»das böse Gewissen und die schlechte Absicht der Apologetik«
(MEW 23, 21). Die eigene Wissenschaft hatte daher mit einer
Kritik der Vorgänger zu beginnen (daher der Titel Kritik der politischen Ökonomie, MEW 13 und MEW 23), doch durfte sie bei diesem destruktiven Geschäft nicht stehenbleiben.

Ein vertieftes eigenes Wissen war vor allem dann nötig,
wenn man eine Praxis finden wollte, die nicht lediglich die ge-
gebene politische Form der Gesellschaft adressiert, sondern die
sich auf deren Anatomie richtete: die wirtschaftlichen Strukturen und Machtverhältnisse. Dies war der Grund dafür, diese
Wissenschaft eine politische Ökonomie zu nennen. Als eine solche kreist die spätere Marxsche Theorie um die menschliche
Arbeit. Um dieses Zentrum herum liegen drei thematische
Schwerpunkte.

Da Marx von der Philosophie her kam, ist der erste Schwerpunkt die Rolle, die die Arbeit für die menschliche Existenz,
oder besser: für das Begreifen dieser menschlichen Existenz
und ihrer problematischen Formen spielt. Der alte Titel dafür ist die »Entfremdungskritik«, nun in der speziell ökonomischen Variante. Diese Dimension des Werkes war im 20. Jahrhundert für die Existenzphilosophie, die Kritische Theorie und

später auch für die osteuropäische Dissidenz von zentraler Bedeutung.

Einen zweiten Schwerpunkt bildet die Gesellschaftstheorie (Marx gilt auch als Klassiker der Soziologie): Thematisch im Vordergrund steht hier die spezifische Form, die die Arbeit zu einer bestimmten Zeit annimmt, wie sie gesellschaftlich organisiert ist und wie sich auf dieser Grundlage die Struktur und die Dynamik einer Gesellschaft begreifen lässt. Die alten Titel dafür sind »historischer Materialismus« und »Klassentheorie«. Ein Großteil der Soziologie des 20. Jahrhunderts, von Georg Simmel und Max Weber bis zu Jürgen Habermas und Pierre Bourdieu, hat sich mit diesem Erbe auseinandergesetzt.

Erst der dritte Schwerpunkt ist die Ökonomie im engeren Sinne. Sie möchte erklären, was die »Anatomie« und das »Bewegungsgesetz« der modernen bürgerlichen Gesellschaft darstellt, und was angesichts dessen die Optionen einer emanzipatorischen Politik sind. Schwerpunktthemen dieser kritischen Theorie des Kapitalismus sind die Ausbeutungs- und die Krisentheorie. Dieser Teil des Werkes ist am schwersten zugänglich, doch er hat nicht nur die innermarxistische Debatte, sondern auch die akademische Ökonomie des 20. Jahrhunderts bedeutend geprägt. Obwohl diese meist in einer Abwehrhaltung gegenüber dem Marxismus verharrte, gehen etwa moderne Wachstums-, Imperialismus- oder Krisentheorien (sofern es sie gibt) auf Marxsche Anstöße zurück (Kühne 1972/1974, Howard/King 1989/1992, Shaikh 2016).

Die politische Abwehrhaltung gegenüber dem Marxismus vor allem in diesem wissenschaftlichen Feld war dafür verantwortlich, dass innerhalb dieses Paradigmas nur unter erschwerten Bedingungen weitergearbeitet werden konnte, insbesondere nach 1990. Noch heute findet eine von Marx inspirierte ökonomische Forschung in Deutschland nur am Rande der akademischen Welt statt – im Rahmen selbstorganisierter Kongresse von Studierenden und politisch Interessierten

etwa. Die offizielle Theorie ist in weiten Teilen ideologisch vor-
eingenommen und begegnet Marx vorrangig durch Missach-
tung. Umso wichtiger ist es, hier einen verständlichen Überblick über seine Hauptthesen zu geben. Beginnen wir aber mit
seiner relationalen Anthropologie.

Arbeit und Existenz:
Die Feinstruktur ökonomischer Entfremdung

Marx begreift den Menschen als ein Wesen, das in eine ganze
Ökologie eingebunden sein muss, um zu florieren. Dazu gehören zunächst andere Menschen, wie wir am Beispiel der Presse
schon gesehen haben: »Was ich nicht für andere sein kann,
das bin ich nicht für mich und kann ich nicht für mich sein«
(MEW 1, 15). Noch im *Kapital* heißt es: »Erst durch die Beziehung auf den Menschen Paul als seinesgleichen bezieht sich
der Mensch Peter auf sich selbst als Mensch« (MEW 23, 67 Fn.).
Dazu gehört außerdem die tätige Auseinandersetzung mit einer stofflichen Umwelt – Werkzeug, Material, vielleicht Tiere,
vielleicht Symbole, irgendetwas das bearbeitet werden muss,
bevor es sich den Zwecken des Menschen fügt. Im Vordergrund steht für Marx die Produktion von Lebensmitteln (was
nicht allein Nahrung meint): »Man kann die Menschen durch
das Bewusstsein, durch die Religion, durch was man sonst will,
von den Tieren unterscheiden. Sie selbst fangen an, sich von
den Tieren zu unterscheiden, sobald sie anfangen, ihre Lebensmittel zu produzieren« (MEW 3, 21, ähnlich 28). Daher sagt
Marx, der Mensch sei nicht nur ein soziales, sondern auch
ein »gegenständliches Wesen« (MEW 40, 577), eben weil er
sich mit einer gegenständlichen Wirklichkeit herumschlagen
muss. Gegenständlich heißt nicht allein physisch; doch kann
die Grundlage des Physischen, Biologischen, Physiologischen
nicht übersprungen werden. Wir können sie nur überformen,

und eben das tut die Arbeit. Sie ist »ewige Naturnotwendigkeit, um den Stoffwechsel zwischen Mensch und Natur, also das menschliche Leben zu vermitteln« (MEW 23, 57).

Diese zweite, gegenständliche Dimension ist für die heutige Philosophie wieder zentral. Diese Perspektive überwindet die Reduktion auf den Interaktionismus, als sei unsere Identität und unser Selbstverständnis allein durch andere Menschen bestimmt. Besonders in neueren Versionen der Kritischen Theorie herrscht diese Tendenz vor, wenn sie die zwischenmenschliche Kommunikation, Anerkennung oder Rechtfertigung in den Mittelpunkt stellen. Diesem »Anthropozentrismus« hat sich inzwischen ein »neuer Materialismus« entgegengeworfen, der die Bedeutung der Materialität für die Menschen wieder hervorhebt (so etwa Jane Bennett): Ob alltägliche Dinge und Instrumente um uns herum oder Mikroben, Gerüche oder Emotionen, für die unsere Körpergrenzen durchlässig sind, all dies verbindet uns auf andere als nur kognitive oder zwischenmenschliche Weise mit der Welt. Ein Bewusstsein dieser Dimension hatte schon Marx. Doch anders etwa als der Wissenschaftshistoriker Bruno Latour (2010), der die »Verdinglichung« gegen Marx verteidigt, wollte Marx bei der Behandlung dieser Dinge nicht beim bloßen Augenschein stehen bleiben. Er kritisiert daher die Verdinglichung von Entitäten, die eigentlich keine Dinge sind (vgl. Kirsch/Mitchell 2004).

Gleichwohl ist die gegenständliche Dimension nicht nur für das Selbstverhältnis einer jeden wichtig (ich werde bestimmt durch das, was ich tue), sondern auch für das Verhältnis zu anderen. Die sinnhafte Kommunikation mit anderen vollzieht sich nicht nur über Zeichen, die eine luftige Bedeutung haben, sondern immer auch über Dinge – zumal solche, die von Menschen gemacht wurden und daher ihrerseits mit Bedeutung aufgeladen sind. Wir versorgen andere mit, machen uns Geschenke, ordnen uns wechselseitig anhand unserer Kleidung oder Wohnlage ein usw. Menschliche Interaktion wird verkürzt begriffen, wenn die gemeinsame Produktion von Gütern und Dienstleistungen, der gemeinsame Verbrauch oder Austausch dieser Produkte (der nicht marktvermittelt sein muss) der Aufmerksamkeit entgleitet. Da Marx Produktion (wie schon die Religion) mit der Romantik als »Ausdruck« begreift, erfasst dies die Bedeutsamkeit von Produkten (mit Walter Benjamin: die »Sprache der Dinge«) recht gut. Beispielsweise drückt das Fahren eines SUV die Verachtung sowohl der Umwelt wie auch der anderen Menschen aus, denen gegenüber man sich abschirmt; eine verweigerte Kennzeichnung von Lebensmitteln eine Verachtung der Verbraucher etc.

Der dritte zentrale Punkt in der Marxschen Anthropologie der Arbeit, neben Sozialität und Materialität, ist die Rolle der Natur. Sowohl die gegenständliche Materialität wie die menschliche Leiblichkeit, ihre Bedürftigkeit und Grenzen, sind für Marx Manifestationen von Natur, sind von Natur durchdrungen. Marx gehört damit zu den frühen ökologischen Denkern, auch wenn das nicht seine Hauptsorge war. Wenn Marx Arbeit als »Stoffwechsel mit der Natur« begreift, dann gilt Natur als bestimmende und begrenzende Macht. Allerdings determiniert sie uns nicht. Das betont Marx schon in seiner Dissertation von 1841, indem er die winzigen Abweichungen in der Atombewegung mit Epikur als Freiheitsgrund interpretiert (MEW 40, 275; der französische Kommunist Louis Althusser nannte dies später »aleatorischen Materialismus«, von lat. *alea*, dem Würfel). Dadurch, dass Menschen ihre Lebensmittel selbst produzieren, sind sie dem Naturzwang nicht *unmittelbar* unterworfen. Das ist der natürliche Grund seiner Freiheit, die für Marx zum Wesen des Menschen gehört (MEW 40, 516). Aber dieser Freiheit sind zugleich Grenzen gesetzt, denn die Bearbeitung von Natur bewirkt keine Aufhebung, sondern nur ein Zurückweichen der »Naturschranke« (MEW 23, 537). Wer regelmäßig essen kann, wird nicht mehr von einem animalischen Hunger getrieben – dennoch bleibt auch dieser Mensch weiter auf Nahrung angewiesen. Natur erhält eine neue Form: »Naturgesetze können überhaupt nicht aufgehoben werden. Was sich in historisch verschiednen Zuständen ändern kann, ist nur die Form, worin jene Gesetze sich durchsetzen« (MEW 32, 552). Wie in der Naturphilosophie Schellings gibt es in diesem Ansatz keinen Bruch zwischen Natur und Kultur, sondern lediglich eine Art Verdünnung der Natur in verschiedenen Graden. Es gibt auf verschiedenen Ebenen unterschiedliche Mischungsverhältnisse: in der Pferdekutsche wirkt Natur weniger vermittelt als im Sportwagen. Doch Natur bleibt noch für die filigransten Kulturprodukte notwendig. Man denke an die seltenen Erden, die für Smartphones und Laptops gebraucht werden. Die Vision einer »Null-Grenzkosten-Gesellschaft« (Rifkin 2014) ist daher als technoider Traum, ja als Schaumschlägerei zu bezeichnen.

Diese natürliche Dimension ist sowohl für die These der Entfremdung von der eigenen Natur der Menschen wichtig, die Marx 1844 thematisiert, wie auch für die ökologische Sensibilität hinsichtlich der äußeren Natur. Marx artikulierte bereits die Einsicht, dass die »kapitalistische Produktion [...] die Springquellen alles Reichtums untergräbt: die Erde und den Arbeiter« (MEW 23, 529; vgl. Fetscher 1999, 123 ff.). Wie so oft fehlt den Menschen das Bewusstsein für das, was sie tun (»Sie wissen das nicht, aber sie tun es«, MEW 23, 88), was daher von der Presse oder der Sozialwissenschaft nachgeholt werden muss.

Die Menschen interpretieren das Zurückweichen der Naturschranke fälschlich als deren Aufhebung und machen sich deswegen wenig Sorgen um die Selbstreproduktion der Natur, die sie zuerst plündern und dann mit giftigen industriellen Rückständen vollpumpen; solange, bis die Naturschranke sich unmissverständlich bemerkbar macht, wenn es fast zu spät ist. Hier, wie bei anderen modernen Problemen, gibt es selbst bei erwachendem Bewusstsein ein Koordinationsproblem: Jede Handlung von Einzelnen scheint nicht ausschlaggebend zu sein, aber alle Handlungen zusammen ergeben eine überaus schädliche Tendenz. Doch die lässt sich individuellen Handlungen nur schwer zurechnen. Darum ist auch in dieser Frage die systemische Optik so wichtig, die Marx für die Analyse des Kapitalismus entwickelte: Wir müssen dafür nicht nur auf individuelle Handlungen schauen, sondern die Logik von Strukturen »wirken sehen« (MEW 1, 177). Obgleich diese natürlich auf individuelle Handlungen zurückgeht, lässt sie sich nicht auf sie reduzieren. Dieser Gedanke wurde für die globale Gerechtigkeit z. B. von Iris M. Young (2004) weiterentwickelt.

Soweit zur ökologischen Anthropologie von Marx – Menschen sind eingebunden in Netzwerke, die sie mit anderen Menschen, mit Materialien und Strukturen sowie mit der Natur ausbilden (Hartmut Rosa nennt dies in seinem Buch von 2016 »Weltbeziehungen«). Wie kommt es nun zur Entfremdung? Anhand von Politik und Religion ließ sich das Argument bereits studieren: Entfremdung entsteht, wenn sich zwischen Polen, die eigentlich zusammengehören, ein Störfaktor einschiebt, der die Pole trennt und einander fremd macht. Bei der Politik war dies u. a. die Zensur der Presse, bei der Religion ein »Fetischismus«, der den menschlichen Anteil an der Entstehung von Religionen unterschlägt und sie instrumentalisiert. Um welche Art von Störung handelt es sich im Bereich der Arbeit im Kapitalismus?

Es gibt einige Kandidaten, die immer wieder genannt werden, obwohl sie in der Marxschen Entfremdungstheorie nur eine untergeordnete Rolle spielen. Ein solcher Faktor ist die Arbeitsteilung, die schon Adam Smith (1776) in den Vordergrund stellte. Wenn Produktionsprozesse komplexer werden, beherrscht jede einzelne Arbeitende möglicherweise nur wenige Handgriffe, sie kann nur noch mit Mühe begreifen, was die anderen machen und wie die eigene Tätigkeit mit den anderen ineinandergreift. Verstärkt wird diese Tendenz, wenn die Arbeitsteilung sich ständig ausweitet oder gar beschleunigt, so dass man stets auf neuen Posten zu arbeiten hat und Gefahr läuft, von der nächsten Welle gänzlich freigesetzt zu werden.

Das Ideal hinter dieser Erklärungsvariante ist nostalgisch, es sind Zustände, die noch überschaubar waren und nur wenigen Veränderungen unterlagen. Dieses leicht nachvollziehbare Erklärungsmodell ist nicht Marx' Favorit. Angesichts des Junker-Sozialismus mit seiner Ritter-Romantik war eine Nostalgie für die Linke eine reale Gefahr (daher die Polemik in MEW 4, 482). Autoren wie John Ruskin, die einen Einfluss auf die englische Arbeiterbewegung hatten, kultivierten eine Mittelalter-Sehnsucht, eine Art frühe »Gothic«-Bewegung (die bis zu *Game of Thrones* reicht, siehe das Kapitel zur Monsterkunde). Für Marx war jedoch klar, dass auch ein Sozialismus Arbeitsteilung und technischen Fortschritt brauchen würde.

Für daraus resultierende Entfremdungstendenzen hatten schon die Frühsozialisten Lösungsmöglichkeiten parat. Etwa eine generelle Verkürzung der Arbeitszeit: Thomas Morus schlug in *Utopia* (1516) sechs Stunden pro Tag vor, dreihundert Jahre später forderte Robert Owen mit seinem Slogan »Eight hours' labour, Eight hours' recreation, Eight hours' rest« ein Limit von acht Stunden – vorgeschrieben wurde 1847 in England immerhin eine 58-Stunden-Woche (10 pro Tag, plus 8 am Samstag), jedoch nur für Frauen und Jugendliche. Für Männer konnten es 14 Stunden täglich sein.

Daneben gab es schon bei Charles Fourier und Robert Owen Ideen, die Arbeit vielfältiger zu machen, um einer Vereinseitigung vorzubeugen: Man solle zwei Stunden an einer Sache arbeiten und dann nach einer Pause zu einer anderen Tätigkeit wechseln, so dass man einen erfüllenderen Tag habe. Und schließlich spielte auch die Bildung eine wichtige Rolle bei der Vermeidung einer Nostalgie-Entfremdung. Kinder sollten, statt zu arbeiten, eine gute Schulbildung erhalten (MEW 23, 416 ff.). Dann konnte das Arbeiten statt als abgetötete, fremdbestimmte Tätigkeit als etwas empfunden werden, das man verstand, für das man sich sogar begeistern konnte, und in dem man aufgrund seiner Einblicke etwas zu sagen hatte. Dazu wurden damals »Arbeiterbildungsvereine« ins Leben gerufen. Marx und Engels waren in London selbst in einem solchen Verein, der von Exil-Kommunisten gegründet worden war. Dabei ging Marx mit dem Aufklärer Helvétius von einem erweiterten Bildungsbegriff aus, den noch John Dewey vertrat (MEW 2, 137): Nicht nur durch Erziehung, sondern durch die sozialen Verhältnisse insgesamt bilden sich die Menschen.

Einige Historiker haben diese Bildungsbemühungen mit kaum verdeckter Häme als Verbürgerlichungstendenz belächelt, als sei es hierbei nur um sozialen Aufstieg, um das Ankommen in der besseren Gesellschaft gegangen (wie beim *Hauptmann von Köpenick*). Aber das übergeht gerade die Hauptsache, nämlich dass das Bürgertum seinen historischen Aufgaben selbst nicht gewachsen war (etwa dem konsequenten Kampf für Demokratisierung, für die Einhaltung der Menschenrechte, für Frieden und Völkerverständigung). Darum schickte sich das Proletariat an, diese Aufgaben des Bürgertums mit zu übernehmen – zumindest war dies das Marxsche Verständnis, das aber einen gewissen Einfluss hatte. In der Tat *haben* sich Teile der Arbeiterbewegung später, als eine der wenigen Kräfte überhaupt, gegen den Militarismus, gegen den Ersten Weltkrieg und später gegen den Faschismus eingesetzt. Ohne eine selbstorganisierte, nicht von oben gesteuerte Bildungsbewegung wäre das kaum denkbar gewesen.

Der zweite Faktor neben der Arbeitsteilung, die die Entfremdung in der Arbeit erklären sollte, war das Geld. Moses Hess (1812–1875), der eine Zeit lang ein enger Verbündeter von Marx und Engels war, hat in diesen Jahren eine radikale Kritik des Geldes entwickelt, die Marx stark beeindruckt hat. (»Das Geld ist das zum todten Buchstaben erstarrte, das Leben tödtende, wie der Buchstabe das zu todtem Gelde erstarrte, den

Geist tödtende Verkehrsmittel ist«, Hess 1845, 15; Henning
2015a, Kap. 6). Geld tritt zwischen die lebendigen Individuen
und tötet das soziale Leben ab, da niemand mehr am Anderen, sondern alle nur noch am Geld interessiert sind. Der Andere wird zum bloßen Mittel, Geld wird zum universalen Mitt-
ler oder »Kuppler«, wie Marx mit Shakespeare sagt (MEW 40,
565). Wenn Dinge nicht mehr aufgrund ihrer qualitativen Eigenschaften, sondern nur noch aufgrund ihres in Geld aus-
gedrückten Marktwertes geschätzt werden, geht der Bezug zu
diesen Eigenschaften und zu den anderen Menschen verloren.
Das Geld kühlt ab, vergleichgültigt, es macht berechenbar und
berechnend; es macht zugleich maßlos, da es keinen inneren
Halt hat (so schon Aristoteles in der Politik I.9; dies erinnert
auch an die Kulturkritik von Jean-Jacques Rousseau).

Aber, wie man mit Georg Simmels Philosophie des Geldes
(1900) dagegenhalten kann, was das Geld hier eigentlich
schafft, ist nicht Entfremdung, sondern Distanz. Eine Distanzierung kann der Befreiung dienen: Habe ich Geld, kann ich
mich freikaufen, kann ich der Abhängigkeit von Verwandten
und Vormündern entkommen. Marx selbst war skeptisch gegenüber der Abschaffung des Geldes, wie sie etwa Proudhon
vorschwebte (Proudhon hatte das Geld durch »Arbeitszettel«
ersetzen wollen). Marx war der Auffassung, dass es unter kapitalistischen Voraussetzungen sofort wieder zu einer Geld-
bildung kommen würde, da Arbeitszeiten nicht eins zu eins
miteinander zu verrechnen sind. (Ähnlich wandte später Ludwig von Mises gegen den Sozialismus insgesamt ein, dass sich
dort keine Preisbildung und damit keine »Wirtschaftsrech-
nung« vollziehen könne.) Marx hat daher zwar kurz mit dem
Gedanken experimentiert, das Geld für die Entfremdung in
der Arbeit verantwortlich zu machen, aber die Hauptlast trägt
letztlich eine andere Überlegung. Es ist das Geld in einer ganz
bestimmten Form – nämlich in der des Kapitals.

Geld kann in verschiedenen Formen auftreten (Henning

2005, 169 ff.): als bare Münze im direkten Handel, als gehorteter Schatz unter der Matratze, als positives Guthaben auf der Bank oder negativ als angeschriebene Schuld. Doch auf all diese Weisen erhält es über die Zeit lediglich seinen Wert – zumindest im besten Falle; meistens verliert es ihn eher (durch Abnutzung bei Münzen oder Inflation und Wechselkursschwankungen bei Banknoten oder Buchgeld). Was kann man tun, wenn man aus seinem Geld *mehr* Geld machen will? Dieses »Mehr« an Geld, genannt Profit, ist im Kapitalismus das treibende Motiv, und der Kapitalismus heißt so, weil der Profit hier aus einer bestimmten Geldanlage kommt: nämlich der Anlage in Produktivvermögen. Man gibt Geld aus, um etwas zu produzieren und dann mit dem Verkauf der Produkte mehr Geld zu erzielen, als in den Kauf der Arbeitsmittel und Rohstoffe investiert wurde. Der Zins, den man auf der Bank in guten Zeiten einfahren kann, ist aus diesem produktiven Profit abgezogen, da die Bank das Geld der Sparer selbst in Aktien investiert und so an den Gewinnen der Firmen beteiligt wird, woran sie wiederum die Sparer beteiligt. Motor des Ganzen ist der Profit des Kapitals, der lediglich an verschiedene Parteien verteilt wird. Heißt Geld in der Anlage als Produktivvermögen »Kapital«, so ist eine der Kapitalformen, auch wenn es paradox klingt, die Arbeit. Der Kapitalist, der Maschinen und Materialien (fixes Kapital) kauft, geht in der Regel nicht selbst in seiner Fabrik arbeiten, sondern mietet sich die Arbeitskraft von anderen (als variables Kapital).

Für die Arbeitenden, die vom Kapital bezahlt werden, bedeutet das allerdings, dass sie nicht selbstbestimmt arbeiten können. Jemand anderes bezahlt für ihre Arbeitskraft und kann daher auch über deren Verwendung bestimmen. »Das Kapital ist also die Regierungsgewalt über die Arbeit und ihre Produkte« (MEW 40, 484). An diesem Punkt hängt Marx später seine Analyse der Ausbeutung auf, doch zunächst geht es um Entfremdung. Wenn andere über die Verwendung meiner

Arbeitskraft entscheiden können, kann es zur Entfremdung in der Arbeit kommen, die Marx 1844 erklären wollte. Ich verliere das Verhältnis zu meinem eigenen Produkt und dadurch zu meiner Arbeitskraft: »Wenn das Produkt der Arbeit nicht dem Arbeiter gehört, eine fremde Macht ihm gegenüber ist, so ist dies nur dadurch möglich, daß es einem andern Menschen außer dem Arbeiter gehört« (MEW 40, 519). Werden den Menschen aber ihre eigenen Produkte und die eigene Tätigkeit fremd, so werden die Menschen auch einander fremd, und damit zugleich dem, was Marx mit Feuerbach das »Gattungswesen« nannte (was so etwas wie die Humanität meint).

Angesichts jahrzehntelanger Diskussion um Einschnitte und Brüche in der Entwicklung des Marxschen Werkes haben viele Marxkenner nicht mehr gesehen, dass sich gerade dieser Punkt bis ins *Kapital* durchhält. Man vergleiche dafür diese beiden Partien, von 1844 und von 1867, die uns schon zur Gesellschaftstheorie hinüberleiten:

> »Die Entäußrung des Arbeiters in seinem Produkt hat die Bedeutung, nicht nur, daß seine Arbeit zu einem Gegenstand, zu einer äußern Existenz wird, sondern daß sie außer ihm, unabhängig, fremd von ihm existiert und eine selbständige Macht ihm gegenüber wird, daß das Leben, was er dem Gegenstand verliehn hat, ihm feindlich und fremd gegenübertritt« (MEW 40, 512, von 1844).
>
> »Da vor seinem Eintritt in den Prozeß seine eigne Arbeit ihm selbst entfremdet, dem Kapitalisten angeeignet und dem Kapital einverleibt ist, vergegenständlicht sie sich während des Prozesses beständig in fremdem Produkt. [...] Der Arbeiter selbst produziert daher beständig den objektiven Reichtum als Kapital, ihm fremde, ihn beherrschende und ausbeutende Macht« (MEW 23, 596, vgl. 455).

Wenn es bei Marx also heißt, dass der von den Produzierenden produzierte Gegenstand diesen »als ein fremdes Wesen, als eine [...] unabhängige Macht« gegenübertritt (MEW 40, 511), so sind damit verschiedene Ebenen angesprochen: zum einen das direkt produzierte Ding – ein Bauteil für ein Auto, der Spruch für eine Werbefirma, das Design für einen Auftraggeber. Eine fremde Macht wird dieses zu produzierende Ding nicht von allein (wie es Georg Simmels Lebensphilosophie später hinstellte), sondern erst dann, wenn eine dritte Macht – das Kapital – zwischen beiden vermittelt; wenn es bestimmt, wie und wann die Arbeitenden arbeiten sollen, ja was sie überhaupt tun sollen. Solche Leistungsvorgaben können zu einer fremden Macht werden, wenn sie den Alltag beherrschen. Sie tun das desto mehr, je weniger jemand im Umgang mit ihnen frei ist. Noch heute spielen Themen wie Kreativität und »Unternehmensphilosophien« in der sogenannten Personalführung ein große Rolle: Man versucht damit, die Entfremdung symbolisch abzubauen, ohne wirklich mehr Freiheit oder Mitbestimmung zu verleihen.

Marx meint an diesen Stellen aber mehr als nur die unmittelbaren Produkte. Da der Kapitalist die Waren gewinnbringend »losschlagen«, also verkaufen kann, sind sie für ihn Kapital. Das heißt: Arbeit produziert Kapital. Aus dem Gewinn, den der Kapitalist mit dem Verkauf der Waren erzielt, refinanziert sich das Kapital – es werden neue Materialien, neue Maschinen gekauft, und im besten Fall ein »Unternehmerlohn« eingefahren (Profit im eigentlichen Sinne), der diesen ganzen Prozess erst motiviert. Damit aber wird klar, was mit der fremden Macht gemeint ist, die eigentlich gar nicht fremd ist (wie schon die Religion, an die Marx im *Kapital* erinnert) – es ist das Kapital selbst, dass den Arbeitenden jedoch als Herrschaft entgegentritt (denn es bestimmt Lohnhöhe, Arbeitszeiten und -methoden):

> »Die soziale Macht [...] erscheint diesen Individuen [...] als eine fremde, außer ihnen stehende Gewalt, von der sie nicht wissen woher und wohin, die sie also nicht mehr beherrschen können« (MEW 3, 34).

»Wie der Mensch in der Religion vom Machwerk seines eignen Kopfes, so wird er in der kapitalistischen Produktion vom Machwerk seiner eignen Hand beherrscht« (MEW 23, 649).

Wir haben es also mit einem Missverhältnis, einer verkehrten Welt zu tun. Eigentlich, ontologisch gesehen, sind Arbeit und Kapital enge Verwandte. Wie Arbeit im Kapitalismus selbst Kapital ist (eingekaufte Arbeitskraft ist für den Kapitalisten variables oder »Humankapital«), so ist Kapital umgekehrt auch Arbeit: angeeignete und aufgespeicherte Arbeit. Die Verwandtschaft in der Sache führt nicht automatisch zur Gleichberechtigung dieser beiden Pole (Kapital und Arbeit). Möglich wäre dies allerdings, und diese Möglichkeit ist der Vorschein der neuen Gesellschaft, mit der die alte bereits »schwanger geht« (MEW 16, 152, MEW 23, 779): Das Kapital im Sinne des Produktivvermögens, das für Marx im Sozialismus »eine ökonomische Notwendigkeit« bleibt (MEW 19, 19), tritt den Arbeitenden dort nicht mehr als fremde Macht entgegen, da es von der Gesellschaft selbst verwaltet wird. (Die Vermeidung einer politischen Entfremdung wird dafür stillschweigend vorausgesetzt.) Im Kapitalismus allerdings besetzen die Privateigentümer als besondere Klasse diese Produktionsmittel. In dieser Lage ist Kapital ein besonderes soziales Verhältnis der sozialen Unterordnung der Arbeitskraftbesitzer unter die Besitzer der Produktionsmittel – des Proletariats unter die Bourgeoisie.

Die unabhängige Macht, die die Arbeit selbst produziert, hat im ökonomischen Kontext also drei Bedeutungen: Es ist *erstens* das unmittelbare Ergebnis des Arbeitsprozesses, über das die Arbeitenden keine Kontrolle mehr haben, weil es ihnen nicht gehört; es ist *zweitens* das Kapital (im mikrosoziologischen Sinn: das konkrete Gegenüber, als Arbeitsmittel bzw. deren Besitzer), das die Kontrolle über den Arbeitsprozess übernimmt und nach geltendem Recht auch die Produkte übernehmen darf; und es ist *drittens* das Kapital als politische Macht, das soziale Verhältnis von Kapital und Arbeit im makrosoziologischen Sinn, das im Kapitalismus Gesellschaft und Politik mehr und mehr dominiert (MEW 4, 469).

Diese drei Bedeutungen der Produkte, die sich gegen die Produzenten wenden, entsprechen den Schwerpunkten des Marxschen Werkes: der Alltagsphänomenologie der entfremdeten Arbeit, der Gesellschafts- sowie der Wirtschaftstheorie. Manche Interpreten haben zwischen diesen Schwerpunkten Brüche und Widersprüche sehen wollen. Doch es handelt sich eher um unterschiedliche Schwerpunkte zu bestimmten Phasen. Diese Perspektiven hängen eng zusammen und können ineinander überführt werden. Kommen wir damit zur Gesellschaftstheorie, dem zweiten Schwerpunkt des späteren Werks.

Kritische Theorie der Gesellschaft: Dynamische Sozialontologie

Die Gesellschaftstheorie von Marx stellt die Auseinandersetzung zwischen den gesellschaftlichen Klassen in den Vordergrund. Sie tritt weniger als nüchterne Theorie denn als theoriegeladene Pamphletistik auf, doch das ändert nichts an ihrem wissenschaftlichen Anspruch. Marx bestimmt die Klassenspaltung einer Gesellschaft durch die ökonomische Tiefenstruktur, also anhand der Frage, woher verschiedene Gruppen für gewöhnlich ihr Einkommen beziehen (frei nach der Redensart: Wess Brot ich ess, dess Lied ich sing). Die Kerndaten hatten Marx und Engels schon im *Kommunistischen Manifest* von 1848 ausgedrückt: Klassenkämpfe gibt es immer, im Kapitalismus jedoch wird der Antagonismus besonders drastisch:

>*Die aus dem Untergang der feudalen Gesellschaft hervorgegangene moderne bürgerliche Gesellschaft hat die Klassengegensätze nicht aufgehoben. Sie hat nur neue Klassen, neue Bedingungen der Unter-*

drückung, neue Gestaltungen des Kampfes an die Stelle der alten gesetzt« (MEW 4, 462 f.).

Wie bereits Adam Smith und David Ricardo unterscheidet Marx im modernen Kapitalismus zunächst »drei große gesellschaftliche Gruppen, deren Komponenten, die sie bilden, den Individuen, resp. von Arbeitslohn, Profit und Grundrente, von der Verwertung ihrer Arbeitskraft, ihres Kapitals und ihres Grundeigentums leben« (MEW 25, 893). Neben Grundbesitzern (traditionell der Adel), Bürgertum und Proletariat gibt es schließlich die Umverteilung etwa durch Staat oder Kirche, welche Steuern erheben und davon ihrerseits Menschen anstellen können, die eine eigene »Berufsethik« (Max Weber) und eigene politische und ökonomische Interessen entwickeln, die jedoch weniger eindeutig sind. Das ist eine vierte Gruppe. Jede dieser Hauptklassen kann verschiedene Untergruppen bilden: Wie es hohen und niederen Adel gibt, gibt es hohe und niedere Beamte, kleine und große Bauern, Facharbeiter und Tagelöhner etc. Ein Problem zu Marx' Zeit waren etwa die Differenzen zwischen englischen und irischen Arbeitern.

Zu diesen Klassenantagonismen und -fraktionierungen treten, als weitere Komplexitätssteigerung, die jeweiligen »Bewußtseinsformen«. Obwohl die unterschiedlichen »materiellen Existenzbedingungen« die Lage auf grobe Weise vorstrukturieren, ist das konkrete Bild, das sich jeweils ergibt, weitaus komplexer. Marx gibt sofort zu, dass »alte Erinnerungen, persönliche Feindschaften, Befürchtungen und Hoffnungen, Vorurteile und Illusionen, Sympathien und Antipathien, Überzeugungen, Glaubensartikel und Prinzipien« für das Selbstverständnis und die politische Verortung eine Rolle spielen:

>»[W]er leugnet es? Auf den verschiedenen Formen des Eigentums, auf den sozialen Existenzbedingungen erhebt sich ein ganzer Überbau verschiedener und eigentümlich gestalteter Empfindungen,

Illusionen, Denkweisen und Lebensanschauungen. Die ganze Klasse
schafft und gestaltet sie aus ihren materiellen Grundlagen heraus
und aus den entsprechenden gesellschaftlichen Verhältnissen.
Das einzelne Individuum, dem sie durch Tradition und Erziehung
zufließen, kann sich einbilden, daß sie die eigentlichen Bestim-
mungsgründe und den Ausgangspunkt seines Handelns bilden«
(MEW 8, 139).

Will man die Struktur moderner Gesellschaften verstehen, gilt
es daher, sich von der Vielfalt des momentanen Augenscheins
und dem raschen Wandel der Selbstverständnisse nicht irre
machen zu lassen und nach den Bestimmungsgründen dieser
dynamischen Bewegung weiterzufragen. In diesem Kontext
fällt die berühmte Aussage:

> *»Es ist nicht das Bewußtsein der Menschen, das ihr Sein, sondern*
> *umgekehrt ihr gesellschaftliches Sein, das ihr Bewußtsein bestimmt«*
> *(MEW 13, 9, von 1858, ähnlich zuvor in MEW 3, 27).*

Woher weiß man aber vom gesellschaftlichen Sein? Wird das
Bewusstsein vom gesellschaftlichen Sein geschieden, kann der
Beobachter sein Wissen über das Sein nicht einfach aus den
Aussagen der Menschen entnehmen.

> *»[W]ie man im Privatleben unterscheidet zwischen dem, was ein*
> *Mensch von sich meint und sagt, und dem, was er wirklich ist und*
> *tut, so muß man noch mehr in geschichtlichen Kämpfen die Phrasen*
> *und Einbildungen der Parteien von ihrem wirklichen Organismus*
> *und ihren wirklichen Interessen, ihre Vorstellung von ihrer Realität*
> *unterscheiden« (MEW 8, 139, vgl. MEW 13, 9).*

Es bedarf daher, neben der Erkundung des »Bewußtseins«
etwa anhand der Lektüre von Verlautbarungen, einer Vermes-
sung des gesellschaftlichen Seins anhand von »empirischen
Daten« (MEW 3, 29). Das ist eine Kernidee der empirischen
Sozialforschung.

Die Vorstellungen der Menschen können dabei mehr oder weniger abweichen von dem, was eine empirische Untersuchung als ihre reale Lage erfasst. Nehmen wir als Beispiel das Ressentiment mancher US-Amerikaner gegen Billigarbeiter aus Mexiko, die außerhalb der Legalität arbeiten. Diese Ablehnung widerspricht der Wirtschaftsleistung, die diese Menschen für sie erbringen: ein Teil des Reichtums der USA beruht auf den Dumpinglöhnen solcher Migranten, für die oft nicht einmal Sozialabgaben abgeführt werden. Dennoch ist diese Verkennung zugleich funktional, denn würde man die Migranten für ihre Leistungen höher wertschätzen, wäre man gezwungen, sie besser zu bezahlen. Ein falsches Bewusstsein ist daher erst aus der Beobachterperspektive zu dechiffrieren, weil in der Teilnehmerperspektive mit solchen zweifelhaften Verständnissen der Realität starke Interessen verbunden sein können.

So hat beispielsweise die Autoindustrie kein Interesse daran, dass die hohe Luftbelastung in den Innenstädten zum Problem erklärt wird; kommunale Politiker, deren Wählergunst vom Erfolg solcher Konzerne abhängig ist, in der Folge ebenso wenig. Solche »Interessen« gilt es daher zu erkennen und zu benennen. Zuweilen sind sie jedoch schwer auszumachen, da sie teils als »Allgemeininteresse« (MEW 3, 47), teils sogar als Sachzwang oder »gesellschaftliches Naturgesetz« (MEW 23, 19) daherkommen.

Gesellschaftstheorie mit Marx ist also eine komplizierte Angelegenheit: Zu unterscheiden ist einerseits die vielfältige konkrete Gestalt einer Gesellschaft von deren prägender Grundstruktur, sind andererseits die Selbstverständnisse der Menschen und Gruppen von deren realer Verankerung in der gesellschaftlichen Realität, um damit möglichen Verkennungen auf die Spur zu kommen. Als drittes verkomplizierendes Element tritt die gewaltige kapitalistische Dynamik hinzu. Marx und Engels erläutern schon im *Manifest*, dass der treibende Gegensatz zwischen Kapital und Arbeit, zwischen Bürger-

Kritische Theorie der Gesellschaft: Dynamische Sozialontologie

tum und Proletariat, historisch betrachtet sehr jung ist. Ganze Bevölkerungsgruppen haben sich neu gebildet: erst das Bürgertum als neue herrschende Klasse, dann das Proletariat als ›dunkle‹ Unterseite.

Die konkrete Gestalt von Gesellschaften kann sich innerhalb weniger Jahrzehnte ändern und zwischen benachbarten Regionen stark abweichen. Das ist der Grund, warum Marx sich, bei aller Hochschätzung der Empirie, mit momentanen Querschnitten, mit Momentaufnahmen der »Oberfläche« (MEW 13, 46) einer Gesellschaft nicht zufrieden geben wollte. Marx kommt hier der Analyse der »Biopolitik« bei Michel Foucault nahe (nur dass Foucault mehr Intentionalität unterstellt als Marx): Der Kapitalismus ist derart dynamisch, dass ganze Bevölkerungen sich auflösen oder »aus dem Boden gestampft« werden können (MEW 4, 467). Die Arbeiterklasse entstand rasch und gewaltsam, durch die Enteignung von Kleinbauern und die Entrechtung der landlosen Bevölkerung im Vorfeld der industriellen Revolution (Thompson 1963). Die industrielle »Reservearmee« (das Heer der Arbeitslosen) sei regelrecht »großgezüchtet« worden (MEW 23, 502, 661). Nach einer ähnlichen Logik wurden indigene Völker entrechtet oder Heerscharen von Sklaven geraubt und über Kontinente hinweg verfrachtet. Das hatte Marx im Blick, als er die Lage der Arbeitenden in Europa mit der der Schwarzen in den USA verglich: »Die Arbeit in weißer Haut kann sich nicht dort emanzipieren, wo sie in schwarzer Haut gebrandmarkt wird« (MEW 23, 318; vgl. den Glückwunschbrief der Internationale an den wiedergewählten Abraham Lincoln 1864, MEW 16, 18 f.).

Neu am Kapitalismus sei jedoch, dass der Antagonismus allmählich so bestimmend und bedrückend werde, dass eine Einschneidung herbeigeführt werden muss. Früher herrschende Klassen hätten sich immerhin um das Überleben der unterdrückten Klassen gesorgt, schon im eigenen Interesse. Heute jedoch werde ein Raubbau betrieben (worin sich die ökonomische mit der ökologischen Kritik berührt): Ganze Menschengruppen würden als nachwachsendes Material behandelt. Damit bekommt der Leser den Eindruck, er sei zur Stellungnahme aufgefordert. Die Herrschaft des Bürgertums sei delegitimiert durch die wachsende Armut weltweit, welche es nicht lindern, sondern nur verschlimmern könne:

> »Der moderne Arbeiter dagegen, statt sich mit dem Fortschritt der Industrie zu heben, sinkt immer tiefer unter die Bedingungen seiner eigenen Klasse herab. Der Arbeiter wird zum Pauper, und der Pauperismus entwickelt sich noch schneller als Bevölkerung und Reichtum. Es tritt hiermit offen hervor, daß die Bourgeoisie unfähig ist, noch länger die herrschende Klasse der Gesellschaft zu bleiben und die Lebensbedingungen ihrer Klasse der Gesellschaft als regelndes Gesetz aufzuzwingen« (MEW 4, 473; vgl. Hegels Stelle zum »Pöbel«).

Diese Dynamik hat sich noch lange nicht erledigt, sie steuert auf große Konflikte zu: »Aber die Bourgeoisie hat nicht nur die Waffen geschmiedet, die ihr den Tod bringen; sie hat auch die Männer gezeugt, die diese Waffen führen werden – die modernen Arbeiter, die Proletarier« (MEW 4, 468; vgl. MEW 4, 180). Genau hier fügt der Gesellschaftstheoretiker Marx einen entscheidenden Baustein hinzu. Es sind nicht einfach arbiträre Kämpfe zwischen zufälligen Gruppen, wie etwa bei Game of Thrones. Vielmehr bewegt sich das ganze auf dem schwankenden Grund einer historischen Dynamik. Zu den politischen und sozialen Kämpfen zwischen gesellschaftlichen Klassen treten periodisch wiederkehrende und sich im Ausmaß weitende systemische Krisen des Kapitalismus hinzu, die den Ausbruch sowie den Ausgang dieser Kämpfe mit beeinflussen.

Nach der Marxschen Analyse läuft die Entwicklung des Kapitalismus in eine Sackgasse. Einerseits kommt es zu einer rasanten Entfaltung der »Produktivkräfte«; das meint zunächst technische Erfindungen zur Erweiterung der Produktion, z. B. Dampfmaschine, Lokomotive, Elektrizität, Kunstdünger usw.

Andererseits ist dies kein nur technisch abrollender Prozess. Er bedarf der gesellschaftlichen »Einbettung«, einer institutionellen Infrastruktur und rechtlicher Rahmungen. Diese Rahmungen hat sich das Bürgertum, als ökonomisch mächtigste und bald auch politisch »herrschende« Klasse (MEW 3, 46), selbst auf den Leib geschrieben. Das ist ein Grund dafür, warum das Proletariat von Appellen an eben dieses Recht nicht viel zu erwarten hat (idealistischere Philosophen setzen allerdings bis heute auf Spannungen und Brüche im Recht, die sich in andere Richtungen fortsetzen ließen). Marx spricht von der »Verkehrsform« (MEW 3, 37, 71) oder den Eigentumsverhältnissen.

Genau diese Eigentumsverhältnisse, als juristisch versteinertes »Sichfestsetzen« (MEW 3, 33) einer einmal funktionalen Situation, können disfunktional werden, sobald es Veränderungen der Produktivkräfte gibt, die nicht mehr in diese Form passen mögen. Das ist die Marxsche Krisendiagnose in ihrer abstraktesten Formulierung – abstrakt, weil verschiedene historische Revolutionen damit erläutert werden sollen.

> »Auf einer gewissen Stufe ihrer Entwicklung geraten die materiellen Produktivkräfte der Gesellschaft in Widerspruch mit den vorhandenen Produktionsverhältnissen oder, was nur ein juristischer Ausdruck dafür ist, mit den Eigentumsverhältnissen, innerhalb deren sie sich bisher bewegt hatten. Aus Entwicklungsformen der Produktivkräfte schlagen diese Verhältnisse in Fesseln derselben um. Es tritt dann eine Epoche sozialer Revolution ein« (MEW 13, 9).

Die stabilisierte Spannung, in der sich die momentane Struktur einer Gesellschaft befindet, unterliegt also gleich zwei unbarmherzigen Dynamiken, die sie zu zerreißen drohen: zum einen der permanenten Auseinandersetzung zwischen Klassen, die sich in diesem Prozess selbst verändern; zum anderen einer systemischen Dynamik, die diesen Auseinandersetzungen eine gewisse Richtung vorgibt, da sie die Möglichkeiten vorstrukturiert. Beides wird in unterschiedlichen Perspektiven vergegenwärtigt (politischer Klassenanalyse und historischem Materialismus). Manche Marxkritiker haben zwischen diesen Perspektiven eine unaufgelöste Spannung sehen wollen. Doch dieselbe Spannung zwischen »Handlung« und »Struktur« durchzieht die ganze Soziologie. Bei Marx lassen sich die beiden Ebenen vergleichsweise einfach aufeinander beziehen, da sie in einer gemeinsamen Endabsicht konvergieren.

Das leitende Erkenntnisinteresse dieser Forschung ist es nicht nur, wie später bei Max Weber, die Handlungen der Menschen erklärend zu verstehen (auf der Grundlage realer struktureller Zwänge sowie der Wahrnehmungen, die die Menschen von ihnen haben). Marx hat ein weitergehendes Interesse daran, den Menschen ein möglichst realistisches Bewusstsein ihrer Lage zu erlauben, um damit zu einem emanzipatorischen Handeln zu gelangen. Das sollte nicht zur Verklärung führen (oder zur Vermengung mit »Werturteilen«, wie Max Weber einwandte), sondern im Gegenteil zur aufrüttelnden Klarheit. Das war schon das Leitmotiv seiner Pressearbeit:

> »Man muß den wirklichen Druck noch drückender machen, indem man [...] das Bewußtsein des Drucks hinzufügt, die Schmach noch schmachvoller, indem man sie publiziert. Man muß [...] diese versteinerten Verhältnisse dadurch zum Tanzen zwingen, daß man ihnen ihre eigne Melodie vorsingt!« (MEW 1, 381).

Wir haben es also im Herzen der Gesellschaftstheorie mit einem »eingreifenden Denken« (Bertolt Brecht) zu tun: Gerade die schonungslose, »nüchterne« Darstellung (MEW 4, 465) hat eine mobilisierende Absicht. Philosophisch setzt das voraus, dass die sozialen Gegensätze und systemischen Trends, die Marx freilegt, nicht deterministisch zu verstehen sind: Die Menschen werden durch ihre Klassenlage oder den Stand der Produktivkräfte nicht bis ins Letzte bestimmt, sonst gäbe es keinen Spielraum für Politik. Es handelt sich vielmehr um Präformierungen, um Vorstrukturierungen von Möglichkeitsräumen. Möglichkeiten gibt es also, es kommt aber darauf an, sie zu ergreifen, wofür man sie zunächst sehen muss. Dieses Sichtbarmachen von Möglichkeiten ist ein Ziel dieser Theorien.

Daher kann man auch Schriften wie das *Manifest* als Bildungsschriften betrachten: Über den tagespolitischen Anlass hinaus handelt es sich darum, durch schonungslose Beschreibung und Analyse dessen, was ist, ein Bewusstsein zu schaffen davon, dass es auch anders ginge. Sonst wäre die anhaltende Wirkungsgeschichte kaum zu erklären. Was den Menschen politisch als möglich erscheint, hängt von ihrem gesellschaftlichen Standort ab; von dem, was sie zu sehen und zu debattieren gewohnt sind, was ihnen in ihrer Sozialisation mitgegeben wurde. Da die Bildung häufig von höheren Klassen beeinflusst war, galt es, diese einerseits durch die »Arbeiterbildungsvereine«, andererseits aber auch durch ein publizistisches Wirken zu durchbrechen. Der Effekt einer Lektüre soll das »Erwachen« sein, das Marx zuvor beschworen hatte; und in der Folge die Verschwisterung all derer, die ihre missliche Lage als eine gemeinsame erkannt haben. »Proletarier aller Länder, vereinigt euch!« (MEW 4, 493).

Damit verlassen wir den Boden der Gesellschaftstheorie und betreten zunächst die Wirtschaftstheorie im engeren Sinne, die die spezifisch kapitalistische Manifestation des »Widerspruchs« untersuchen soll, und dann die Ebene der sozialistischen Politik, die nach den zu ziehenden Konsequenzen fragt.

Politische Ökonomie als Politik des Erwachens

Die Marxsche Wirtschaftstheorie ist Theorie des Kapitalismus als Produktionsweise und gleichzeitig eine Kritik an ihm. Sie wendet sich gegen die ökonomische Lehrmeinung, die noch heute Universitäten und Fachjournale beherrscht. Diese beruht zum nicht geringen Teil auf der Suggestivkraft von Fiktionen wie etwa der allgemeinen Gleichgewichtstheorie. Diesem idealisierten Modell zufolge erreichen Märkte, lässt man sie nur ungestört walten, von sich aus ein ›Gleichgewicht‹, auf dem es zur sogenannten Markträumung kommt: Alle angebotenen Güter werden gegeneinander getauscht, alle Marktteilnehmer können ihren Nutzen maximieren. Hier geht alles so effizient wie gerecht zu. Störungen dieses Gleichgewichts können nur von außen kommen.

Im Gegensatz zu dieser Fiktion, die dann durch allerlei Modelle und Berechnungen ausgeweitet wird, startet Marx mit einer tatsächlichen Praxis. Diese Praxisorientierung war ein wichtiges Ergebnis seines Frühwerks. Was aber ist die entscheidende Praxis der modernen Wirtschaft? Marx beginnt nicht, wie andere Wirtschaftstheorien, mit dem Tausch, mit Angebot und Nachfrage, also mit dem Handel (mit Gütern und Dienstleistungen, denen zahlungskräftigen Präferenzen gegenüberstehen). Denn das Entscheidende geschieht schon vorher: Wie es im Recht eine ›Geltung‹ gibt und in der Politik ›Macht‹, die man kaum versteht, wenn man nicht ihre praktische Entstehung kennt, so gibt es in der Wirtschaft ›Preise‹. Diese erklären wenig, sondern sollten ihrerseits erklärt werden. Gehandelt werden kann nur, was produziert (oder geraubt) wurde, und wir kaufen ein mit Geld, das wir durch Arbeit (oder Raub) verdient haben. Im Zentrum steht daher nicht der Tausch, sondern die Arbeit. Das ist der praxisphilosophische Ausgangspunkt: Auch hinter den Schwankungen der Preise und den Institutionen, die sich darum kristallisieren (Börsen, Banken, Handelsorganisationen), stehen menschliche Tätigkeiten.

Das Selbstbild des Kapitalismus beruht auf der Vision eines Tausches zwischen freien Bürgern. Die Praxis jedoch sieht anders aus. Das kapitalistische Grundmotiv ist der Profit: Die Verausgabung von Kapital mit dem Zweck, später mehr Kapital zurück zu erhalten als ursprünglich verausgabt. Diesen Profit kann man nicht systematisch durch Tausch erzielen, denn hier ist der Vorteil des einen der Nachteil des anderen. Es kann durchaus zu einem Gewinn durch Tausch kommen, aber nur für einen Partner. Es geht nicht um »psychische Lust«, wie in der subjektiven Wertlehre: Wenn etwa zwei Kinder einen Teddy gegen eine Puppe tauschen, mögen sie sich eine Zeit lang an diesem Tausch erfreuen; doch Teddy und Puppe bleiben dabei dieselben, es entsteht kein materieller Profit. Profit entsteht für Marx erst durch kapitalistische Produktion, durch den Kauf von Maschinen, Materialien und Arbeitskraft zum Zwecke der Produktion von Waren. Diese Waren werden am Ende des Produktionsprozesses zu einem höheren Preis verkauft, als die eingekauften Materialien gekostet haben. Das ist deswegen kein reiner Tausch mehr, weil zwischen Kauf und Verkauf etwas neues produziert wird. Woher kommt aber der Profit?

Ein Teil der Marxschen Erklärung liegt in der Annahme, dass erst die Arbeit Wert schafft. Im Grunde leuchtet das ein: Eine wertvolle Statue gibt es nur, weil jemand sie gemacht hat. Ist sie gemacht, ist auch ihr Wert gemacht. Aber gemeint ist mehr: Ihre Werthöhe soll an der Arbeitsmenge hängen. Intuitiv ist auch dies klar: Tausche ich mit einem Kollegen einen Arbeitstag, werde ich dies nur tun, wenn der Aufwand in etwa gleich ist, ich also keine Woche nacharbeiten muss. Ich tausche einen Tag gegen einen Tag, nicht gegen zwei. Oder: Findet sich eine Technologie, die Computer mit weniger Aufwand herstellen kann, dann werden sie unweigerlich billiger. Natürlich gibt es eine Verzögerung, da zunächst nur die Entdecker-Firma diesen Preisvorteil hat und Extraprofite einfahren kann. Doch sobald die Technologie sich verbreitet, sinkt auch der Preis der Laptops (oder ihre Leistung erhöht sich bei gleichem Preis, was auf dasselbe herauskommt).

Diese Beobachtung macht selbst bei Diamanten Sinn, die

seit Adam Smith oft als Beispiel für eine *andere* Preisbildung durch Knappheit dienen: Es braucht viel Arbeit, um Diamanten zu finden und zu fördern. Würde das Verfahren einfacher, würden sie billiger, selbst wenn ihre Menge in der Natur dadurch nicht steigt. Wenn die Menge erschöpft ist, wird der Preis steigen – aber ein Grund dafür ist, dass die Arbeit, die man hier investiert, in vielen Fällen kein Ergebnis mehr bringt. Man braucht mehr Zeit für dasselbe Ergebnis.

Ein weiterer Baustein der Erklärung von Profit liegt nun darin, dass nicht die Arbeitenden die wertbildende Arbeit kontrollieren, sondern der Käufer der Arbeitskraft. Er verfügt am Ende über das werthaltige Arbeitsprodukt, zahlt den Arbeitenden aber weniger an Lohn aus, als diese dem Arbeitsprodukt an Wert hinzugefügt haben. Wäre das nicht so, würde es sich nicht lohnen, jemanden einzustellen. In der Sache liegt das am Mechanismus der Preisbildung für die »Ware« Arbeit: Ihr Preis am Arbeitsmarkt wird bestimmt durch ihre »Reproduktionskosten«, die Kosten dafür also, dass die Arbeitenden ihre Arbeitskraft wieder herstellen (durch Unterbringung, Nahrung, Kleidung und sonstige Versorgung, inklusive die der Kinder). Diese »moralische« Größe ist von Land zu Land unterschiedlich.

Was ist an dieser Analyse nun so wichtig, dass Marx ihr sein ganzes Leben verschrieb? Vom politischen Subtext haben wir gerade gesprochen. Marx hatte durchaus ein genuin wissenschaftliches Interesse an Ökonomie. Er konnte Freund und Feind arg beschimpfen, wenn sie diese Wissenschaftlichkeit gering achteten. Die Disziplin kam nach vielversprechenden Ansätzen bei den Klassikern Smith und Ricardo jedoch nicht recht weiter. Das spürten auch andere. Nicht zufällig gab es wenige Jahre nach dem *Kapital* die sogenannte marginalistische Wende, in der die akademische Ökonomie kurzerhand ihre Fundamente austauschte (dazu Henning 2005, 130 ff.): Sie wurde von einer empirischen Sozialwissenschaft zu einer psychologisch inspirierten Mathematik. An die Stelle der Arbeitswertlehre, die von John Locke bis John Stuart Mill vorausgesetzt wurde, setzte man nun auf subjektive Größen wie den »Grenznutzen« oder Präferenzen. Diese Neoklassik wurde dem Kapitalismus gegenüber im 20. Jahrhundert noch affirmativer als es die von Marx kritisierten post-klassischen Ansätze im 19. Jahrhundert ohnehin schon waren. Manche Beobachter haben daher in der marginalistischen Wende eine politische Reaktion auf Marx gesehen.

Welche Themen sind es nun, die Marx im *Kapital* neu betrachten will und von denen er sich zugleich Schützenhilfe in der politischen Auseinandersetzung erhofft? Von zentraler Wichtigkeit ist zum einen die *Krisentheorie,* zum anderen die Analyse der *Ausbeutung.* Mit der Krisentheorie musste Marx seine These einlösen, dass es im Kapitalismus einen Widerspruch gebe, der ihn über sich hinaustreibe und eine andere Gesellschaft ermögliche. Dieser Widerspruch konnte nicht der Kampf zwischen den Klassen sein – ein Kampf ist kein Widerspruch, und es ist kein Ausweg aus diesem Kampf, noch einmal zu wiederholen, dass es diesen Kampf gibt. Wie die »soziale Frage« gelöst werden könnte, dazu gab es allerlei Vorschläge (Hegel z. B. wollte einen staatlich verordneten Korporatismus, eine Durchorganisation der Gesellschaft; liberale Ökonomen ein »freies« Walten der Verelendungskräfte, mit der Option, überflüssige Menschen an Kolonien weiterzureichen). Die Marxsche Krisentheorie zeigte die Grenzen bisheriger Lösungsvorschläge auf und wies Wege in eine postkapitalistische Gesellschaft.

Die Theorie der ›Ausbeutung‹ ist ebenso zentral, da diese auch in Zeiten ohne Krise evident ist. Selbst wenn es der Wirtschaft eine Zeit lang gut geht, gibt es weiterhin eine Ausbeutung der Arbeitenden und der Natur, und das gibt starke Argumente an die Hand. Auch die Marxsche Ausbeutungstheorie weist über den Kapitalismus hinaus, denn sie lässt sich durch Lohnerhöhungen nicht aus der Welt schaffen: Marx wies systemische Rückkopplungsmechanismen nach, die die Wirkung solcher Maßnahmen begrenzten (siehe das Kapitel »Grenzen des Reformismus«). Daneben bewirkten Gerechtigkeitsargumente gegen diese Form der Ausbeutung wenig: Ausbeutung ist im gegebenen Recht gerade keine Ungerechtigkeit, sondern *entspricht* diesem Recht. Überwinden lässt sie sich erst, wenn das System überwunden wird, innerhalb dessen Ausbeutung zur Normalität gehört. Diese beiden starken Thesen gilt es nun zu erläutern.

Ausbeutungstheorie und der tendenzielle Fall der Profitrate

Ausbeutung meint, dass von einer Instanz mehr genommen als ihr zurückerstattet wird. Bei der Arbeit im Kapitalismus geschieht das in der Währung der »Mehrarbeit« (MEW 16, 133, MEW 23, 230), oder, da Arbeit Wert bildet, des Mehrwerts. Diese »Abpressung von Mehrarbeit« (MEW 25, 55) ist im Kapitalismus kein Raub, sondern durchaus legitim. Die Grundlage des Rechts ist der »Wille«, und Arbeit im Kapitalismus ist freiwillig. Es gibt in der Regel einen Arbeitsvertrag, in den beide Parteien eingewilligt haben (MEW 23, 189), und die Arbeitenden werden für den Gebrauch ihrer Arbeitskraft entschädigt. Aus der Perspektive des Tausches ist damit alles rechtens. Aber gerade darum gilt es für Marx, die Perspektive des Tausches, also die »Sphäre [...] des Warenaustausches, woraus der Freihändler vulgaris Anschauungen, Begriffe und Maßstab für sein Urteil über die Gesellschaft des Kapitals und der Lohnarbeit entlehnt« (MEW 23, 190), mit einer anderen zu kontrastieren: der der Produktion. Aus der Sicht des Arbeiters handelt es sich hierbei um »Gerberei«, da die Arbeit hart ist, der Kapitalist aber mehr Gewinn aus ihr zieht als er selbst (MEW 23, 190; ein Beispiel für den beschriebenen Wechsel der Perspektiven: »›Halt da!‹ ruft unser Maschinenschlosser«, MEW 22, 206).

Um das als nachvollziehbare Bewertung zu erweisen, bemüht Marx einige Unterscheidungen. Eine erste ist die zwischen Wert und Preis. Kennt eine Wirtschaftstheorie nur Preise und keine Werte, so ist jeder Preis gerecht, solange er auf einem Markt zustande kommt. Ist ein Lohn niedrig, liegt das daran, dass er auf dem Markt kein höheres Einkommen erzielen kann, da es keine entsprechende Nachfrage gibt (MEW 16, 119). Kennt sie hingegen auch Werte, dann gibt es eine Bestimmungsgröße, die den Preis reguliert. In diesem Fall ist es die Arbeitsmenge, die zur Reproduktion einer Sache erforderlich wäre (darauf kommt Marx immer wieder zurück, z. B. in MEW 4, 82, MEW 16, 120 und MEW 23, 560).

Das gilt, so paradox es klingt, auch für den Wert der Arbeitskraft. Die Kosten für die Wiederherstellung der Arbeitskraft sind nicht allein durch physische Grenzen festgelegt, sondern auch durch »moralische Schranken«. »Beide Schranken sind aber sehr elastischer Natur und erlauben den größten Spielraum« (MEW 23, 247). Daher haben gewerkschaftliche Forderungen nach Lohnerhöhung einen guten Platz in dieser Theorie. Sie senken die Ausbeutungsrate für eine Weile, indem sie den durchschnittlichen Lebensstandard durch arbeitspolitische Auseinandersetzungen nach oben verschieben.

Ausbeutung kann damit reduziert, aber nicht aufgehoben werden. Deshalb spricht Marx von »Raten«, die auf- und niederschwingen (zu den Mechanismen, die die Löhne zurück nach unten treiben, kommen wir gleich). Um die Logik der Ausbeutung zu zeigen, ist eine zweite Unterscheidung zentral, nun innerhalb des Wertbegriffs, nämlich die zwischen Gebrauchswert und Tauschwert. Die Unterscheidung geht zurück auf Aristoteles und findet sich auch bei Adam Smith. Sie ist kein Mysterium. Der Gebrauchswert einer Sache ist dadurch bestimmt, was ich damit tun kann. Ein zufällig gefundener Stock kann sehr nützlich sein, wenn ich mir den Fuß verstaucht habe, während mein teures Fahrrad (das einen hohen Tauschwert hat –

ich würde viel Geld bekommen, wenn ich es zurücktausche) für mich keinen Gebrauchswert hat, wenn ich es durch die Verletzung nicht fahren kann. Waren müssen für die Käufer einen Gebrauchswert haben, sonst würden sie sie nicht kaufen. Die Werbung schafft es allerdings, dass man Dinge kauft, die man nur zu brauchen *glaubt*.

Anders als die Neoklassik meint Marx, dass der Preis nicht allein durch diesen Gebrauchswert bestimmt wird, der die Schwankungen von Angebot und Nachfrage verursacht, sondern durch den Tauschwert der jeweiligen Ware. Dieser ist durch Arbeit bestimmt. Genauer ist es die »gesellschaftlich notwendige Arbeitszeit« (MEW 23, 53, 210 u. ö.), die zur Reproduktion dieser Ware nötig wäre. Gibt es inzwischen eine effektivere Technologie, dann sinkt der Tauschwert, auch wenn in der Ware mehr konkrete Arbeit steckt, da sie noch mit der alten Technologie gefertigt wurde. Aber um diese Feinheiten geht es an dieser Stelle nicht, da wir vor allem wissen wollen, was Ausbeutung ist.

Marx legt den Finger darauf, dass bei der »Ware Arbeitskraft« (MEW 23, 610) Gebrauchswert und Tauschwert weiter auseinander liegen als bei anderen Waren. Der Tauschwert der Ware Arbeitskraft, der Arbeitslohn, wird auf dem Arbeitsmarkt bestimmt. Ein Arbeitender »kostet« so viel wie der andere (während Frauen und Kinder zu Marx Zeiten billiger zu haben waren), nämlich in etwa so viel, wie es braucht, um die Arbeitskraft wiederherzustellen. Diese Lebenshaltungskosten pendeln sich zwischen den beiden genannten Grenzen (physisch und moralisch) ein. Der Gebrauchswert der Ware Arbeitskraft ist allerdings davon entkoppelt. Mit dem Lohn hat der Kapitalist das Recht erstanden, über die Arbeitskraft zu verfügen. Von dieser Herrschaft war schon bei der Entfremdung die Rede: Der Käufer der Ware Arbeitskraft darf darüber verfügen, was die Arbeitskraft erzeugt, wie sie es tut, und wie lange sie es tut.

Und hier kommt es zu der Abweichung, die die Mehrarbeit,

damit den Mehrwert und schließlich den Profit erklärt. Der Kapitalist hat ein Interesse daran, die Arbeitskraft möglichst lange zu gebrauchen – im Beispiel von Marx 12 Stunden (MEW 22, 205). Dass der Kapitalist das kann, ist ein Ausdruck seiner gesellschaftlichen Macht aufgrund der privaten Verfügung über die Produktionsmittel. Dies wird ihm durch die rechtlichen Eigentumsverhältnisse zugestanden.

Die Arbeiterin arbeitet also 12 Stunden. Was sie währenddessen produziert, erzeugt eine bestimmte Anzahl von Werteinheiten – sagen wir eine pro Stunde, das macht 12. Diese gehören nun dem Kapitalisten. Die Arbeiterin bekommt davon einen Teil für ihren Lohn, doch die Höhe des Lohnes spiegelt nicht die Ergebnisse der Arbeit. Die Arbeiterin bekommt das, was sie zuvor für die Vermietung ihrer Arbeitskraft vertraglich zugesichert bekam – sagen wir 4 dieser Werteinheiten. Es gibt also eine »Mehrarbeit« (MEW 16, 133): Sie arbeitet 8 Stunden mehr, als sie zur Erwirtschaftung ihres eigenen Lohnes arbeiten müsste. Die 8 Werteinheiten, die in diesen 8 Stunden Mehrarbeit entstanden sind, bilden das »Mehrprodukt«, das der Kapitalist einstreicht.

Die unmittelbare Auseinandersetzung zwischen Kapital und Arbeit dreht sich um die Verteilung dieses Mehrprodukts: Wie viel von den neuen 12 Einheiten erhält der Kapitalist, wie viel die Arbeitenden als Lohn. Die Wiederbeschaffung der Kapitalausstattung, sagen wir von 2 Einheiten, geht vom Mehrprodukt ab, es bleibt dem Kapitalisten ein Mehrwert von 6 Einheiten. Die Ausbeutungs- oder Mehrwertrate ist in diesem Fall 6 : 4. Eine Erhöhung des Lohnes um zwei Einheiten bei gleicher Arbeitszeit, oder eine Verringerung der Arbeitszeit bei gleichem Lohn, würde die Bilanz zugunsten der Arbeit verschieben (auf 4 : 6), da der Mehrwert nun sinkt. Das Interesse des Kapitalisten dagegen ist es, auf möglichst lange Arbeitszeiten bei möglichst geringer Bezahlung hinzuwirken, um den Mehrwert zu erhöhen. Die Rente mit 67 und deutlich tiefere Löhne bei Leiharbeit waren dahingehend Erfolge, ebenso wie schon der Rückbau des Sozialstaats einer war.

Auf der Seite des Kapitals gibt es eine weitere Strategie, und die führt schon zur Krisentheorie. Der Kapitalist kann noch an einer weiteren Schraube drehen, um mehr zu erhalten. Selbst bei gleichbleibendem Lohn und gleicher Arbeitszeit macht der Kapitalist einen Schnitt, wenn es ihm gelingt, die Produktivität der Arbeit zu erhöhen – wenn die Arbeiterin in der gleichen Zeit mehr erzeugt als zuvor. Dies vollzieht sich etwa durch eine bessere Technologie, weshalb Erfindungen eine so zentrale Rolle spielen. Der Kapitalist re-investiert einen Teil seines Mehrwerts in zusätzliche oder bessere Fertigungsmethoden. Gesamtwirtschaftlich wird damit Wachstum erzeugt. Doch hier mahnt Marx zur Aufmerksamkeit. Der gewachsene Reichtum ist materiell (eine »ungeheure Warensammlung«, MEW 23, 15): Es werden mehr Waren produziert als vorher. Das könnte nützlich sein. Doch dem Kapital geht es nicht um Gebrauchswerte, ihm geht es um Profit. Dieser ist nur solange sicher, wie sich die neue, billiger gefertigte Ware zum selben Preis (bei gleichem Geldwert) verkaufen lässt wie zuvor.

Doch einige Mechanismen erschweren dies. Eine größere Menge von Gebrauchswerten – ein steigendes Angebote bei gleicher Nachfrage – lässt den Preis sinken. Dieser Effekt erhöht sich, sobald die Konkurrenz, die ähnliche Waren herstellt, diese ebenfalls billiger herstellen kann. Die Konkurrenz zwischen Anbietern um Marktanteile führt zu dem Drang, einander im Preiskampf zu unterbieten – und das zehrt am Gewinn. Der Kapitalist stößt also auf Schwierigkeiten, aus einer zusätzlichen Investition, die eigentlich mehr Gewinn bringen sollte, diesen Gewinn tatsächlich zu realisieren.

Marx hat dafür noch eine weitere Ursache ausgemacht. Für ihn ist allein die »lebendige Arbeit« mehrwertbildend. Kapital, also aufgespeicherte vergangene Arbeit, reproduziert lediglich seinen eigenen Wert, indem es abgeschrieben wird. Maschinen kann man nicht ausbeuten. Wenn nun der Anteil der toten gegenüber der lebendigen Arbeit steigt, da es immer mehr Maschinen pro Arbeitskraft gibt (und dieser Trend ist eindeutig), dann sinkt der Anteil, der überhaupt Mehrwert abwerfen kann, und damit der Profit.

Um diesen Effekt zu veranschaulichen, geht Marx von der Mehrwertrate zur Profitrate über. In der Mehrwertrate ist das Verhältnis zwischen Mehrwert und Lohnhöhe von Interesse (beide entstammen den von der Arbeitskraft hinzugesetzten Werteinheiten). In der Profitrate ist auch »tote Arbeit« enthalten, also das, was der Kapitalist in Maschinerie etc. investiert und was nicht unmittelbar mehrwertbildend ist, allerdings in die Kostenrechnung eingeht (vgl. Pitts 2012). Die These ist stringent: Wenn der Anteil der Maschinerie an der Produktion wächst, dann wächst der Anteil der toten über die lebendige Arbeit. Damit kann über kurz oder lang die Profitrate nur fallen, denn es gibt immer weniger Mehrwert pro aufgewandtem Gesamtkapital. Dies gilt selbst dann, wenn der Anteil des angeeigneten Mehrwerts gegenüber den Löhnen (die Mehrwertrate) wächst, denn diese Binnenverteilung spielt sich lediglich innerhalb einer Größe ab, deren Einfluss gegenüber der wachsenden Maschinerie insgesamt schwindet, einerlei wie sie intern verteilt wird.

Um dies zu sehen, muss man sich nur vorstellen, dass die Arbeitenden irgendwann kaum mehr Lohn erhalten und fast das gesamte Mehrprodukt von den Kapitalisten angeeignet wird. Selbst dann würde die Zunahme der toten gegenüber der lebendigen Arbeit, die keinen Mehrwert mehr bildet, im Ergebnis überwiegen. Das ist im Keim das Argument vom tendenziellen Fall der Profitrate (MEW 25, 221 ff.): Die steigende Kapitallastigkeit der Produktion verkleinert ihren mehrwertproduktiven Anteil und damit irgendwann die Profitrate.

Marx hielt dieses Phänomen, wie andere klassische Ökonomen vor ihm (Smith, Ricardo und Mill etwa), für eine zentrale Krisenursache im Kapitalismus. Denn sinkt die Profitrate, lohnen sich neue Investitionen irgendwann nicht mehr. Das untergräbt den Motor des ganzen. Wenn dies geschieht, gibt es weniger Arbeit, weniger Löhne, weniger Nachfrage, ja der ganze Kreislauf droht zum Erliegen zu kommen – beileibe kein unbekanntes Phänomen. Dieses Argument ist oft kritisiert worden, auch von Marxisten. Darum ist zunächst zu erläutern, was damit nicht gesagt ist: Es heißt nicht, dass die Masse des Profites sinkt (die Reichen werden also weiterhin reicher). Es sinkt lediglich der Anteil, den man pro vorgeschossenes Kapital erhält. Investiert man mehr Kapital, erhält man insgesamt mehr Profit; nur eben pro Einheit weniger als zuvor. Ebenso wenig heißt es, dass nun weniger produziert würde: Die Menge an Gebrauchswerten kann, wie schon gesehen, unermesslich steigen. Was sinkt, ist nur der anteilige Gewinn, den ein Kapitalist pro Verkauf macht. Gerade dies könnte ein Grund dafür sein, warum immer mehr produziert und abgesetzt wird – denn trifft das Theorem zu, wird dies sogar notwendig, um die Profite konstant zu halten oder gar zu steigern.

Marx gibt diesem Gesetz einige Qualifizierungen bei. Es gibt Mechanismen, die dafür sorgen, dass dieser Effekt nicht einfach zu durchschauen ist; und es gibt »entgegenwirkende Ursachen« (MEW 25, 242 ff.), die das Ganze aufhalten oder zeitweilig umdrehen können – das hat nicht erst die Marxkritik, sondern schon Marx selbst beschrieben. Dies muss allerdings nicht als Zurückrudern gedeutet werden, wie es in der Literatur oft geschieht. Es lässt sich auch als Erläuterung der Wirkweise eines solch komplexen »Gesetzes« verstehen (mehr in Henning 2005, 77 ff.). Es ist eines, anhand abstrakter Größen einen kausalen Zusammenhang zu benennen, etwas anderes ist es, die tatsächliche Wirkweise dieser Kausalität in der Realität zu erläutern. Auch die Existenz der Fallgesetze besagt nicht, dass permanent alles nur zu Boden fällt. Auch wenn es Gegenkräfte gibt, heben diese die Wirksamkeit des Gesetzes nicht auf.

Zunächst zur problematischen Sichtbarkeit dieses Gesetzes. Marx drückt diese Tendenz in Werten aus; direkt beobachten lassen sich aber nur Preise. Preise schwanken ständig auf und ab, die Werte bilden, so sagt schon Adam Smith, das Gravitationszentrum, um das sie herum schwanken. Auch dieses kann sich verschieben, aber dann ändert sich der Wert, nicht nur der Preis. Daher wird auch die Profitrate kurzfristig steigen und fallen; mit »Tendenz« ist gemeint, dass das Zentrum dieser Schwankungen langfristig fällt. So etwas zu zeigen ist schwer.

Weiterhin erschwert wird die Wahrnehmung dadurch, dass es um ein Makrophänomen geht. Die Rede von einem Kapitalisten und einzelnen Arbeitern ist eine Vereinfachung zu Darstellungszwecken (mit Hegel gesagt: eine Abstraktion). Ihre Wirkweise entfaltet das ökonomische Gesetz jedoch auf gesellschaftlicher Ebene. Zwischen dieser und dem einzelnen Betrieb gibt es weitere Mechanismen, etwa den »Ausgleich der Profitraten« zwischen Sektoren, der dazu führt, dass Kapital aus ertragsarmen Industrien ab- und in profitablere einfließt. Dies hält den Trend für Marx nicht auf, sorgt aber für weitere Fluktuationen der Profitraten, die auf andere Ursachen zurückzuführen sind.

Schließlich unterscheidet Mehrwert und Profit nicht nur, ob die tote Arbeit mit eingerechnet wird oder nicht. Hinzu kommt, dass ganze Sektoren der Wirtschaft ebenfalls aus dem Mehrwert finanziert werden, obwohl sie selbst keinen produzieren. Dazu gehören etwa Handel und Dienstleistungen: Um Profit einzufahren, muss der Kapitalist seine Waren verkaufen, und dieser Verkaufsprozess hat Kosten. Die Ware muss verpackt, gelagert, beworben, transportiert werden, die Maschinen müssen gewartet, Kontakte gepflegt, Rechtsstreite geführt werden usw. Ganze Industrien lagern sich so um die Produktion herum, die Marx zufolge ebenfalls aus dem Mehrwert finanziert werden, aber vom Profit des Einzelkapitalisten abgehen.

Unter die entgegenwirkenden Ursachen hingegen rechnet Marx Lohnsenkungen, Verbilligung der Technologien und das Erkämpfen neuer Absatzmärkte. Daneben ist zu denken an das Erzeugen immer neuer Bedürfnisse durch Werbeindustrien, die Ausschaltung des Zwischenhandels durch eigene Vertriebswege oder seine Erpressung durch Konzentration von Marktmacht sowie an Versuche der Ausschaltung von Konkurrenten durch Spionage oder Aufkauf (»Je ein Kapitalist schlägt viele tot«, MEW 23, 790). Mit diesen Strategien können Kapitalisten einem Fall ihrer Profitrate entgegenwirken. Diese Handlungsweisen wären folglich zu erwarten, und Sozialwissenschaft will ja Handlungen erklärend verstehen.

Tatsächlich lässt sich ein solches Verhalten beobachten: Um einen »ausreichenden« Profit zu erzielen, müssen immer höhere Summen investiert werden, müssen stets neue Märkte erschlossen, neue Produkte erfunden, neue Käufergruppen geschaffen werden. (Kinder, Krankenhauspatienten oder auch Bahnreisende werden so plötzlich zu »Kunden«.) Es gibt Millionen von SUVs, Tablets, Smartphones, Franchise-Produkten oder privater Rentenversicherungen, die noch vor wenigen Jahren niemand gebraucht hatte. Doch es wird immer schwieriger, aus der Produktion dieser Dinge Profit zu schlagen – um ihn zu erhalten, werden Löhne gekürzt, Arbeitszeiten verlängert, Produktionsstätten verlagert, soziale und ökologische Standards untergraben, öffentliche Güter verscherbelt und soziale Sphären kommerzialisiert. So erhält der kapitalistische Wettlauf etwas verzweifeltes, seine Dynamik reißt selbst »chinesische Mauern« ein (MEW 4, 466). Für viele Menschen verringern sich damit monetär, zeitlich und räumlich die Chancen einer Teilhabe am wachsenden gesellschaftlichen Reichtum und einer Teilnahme am gesellschaftlichen Produktionsprozess.

Da solche Handlungsweisen in jüngster Zeit im großen Stil zu beobachten sind (vgl. Harvey 2011, 338 f.), wäre ein Rückschluss auf einen Fall der Profitrate nicht ganz abwegig. Dieser

Mechanismus würde erklären, warum eine Gesellschaft, die gemessen an ihren Produkten unglaublich reich ist, gemessen an der Situation der Einzelnen zugleich erschreckend arm sein kann. Es liegt nicht an Güterknappheit, sondern am kapitalistischen Vorbehalt ihrer profitablen Erzeugung, die immer schwieriger wird.

Selbst die jüngsten Finanzkrisen lassen sich auf diese Weise deuten. In dieser sind »Blasen« entstanden, die eine Zeit lang einen Boom simulieren, aber irgendwann platzen und damit viel Kapital vernichten – oft dasjenige von Marktakteuren, die spät eingestiegen sind, wie kleine Sparer und Hauseigentümer, während die großen Haie und Heuschrecken sich längst in Sicherheit gebracht haben (zum »geistigen Thierreich« bei Marx siehe Euchner 2008). Eine Blase kann entstehen, wenn das Kapital so »frei« geworden ist, dass es nicht mehr an die Umschlagszeiten der Produktionsprozesse gebunden ist und seine Anlagen wechseln kann wie ein Mensch seine Kleider. Umschlagszeiten meinen die Zeit zwischen Anlage des Kapitals und Erlös; etwa ein »Geschäftsjahr«, wie in der Agrarwirtschaft (Marx behandelt sie in Band II des Kapitals, MEW 24). »Alles [...] Stehende verdampft« (MEW 4, 465), auch die technischen oder politischen Schranken des Kapitalverkehrs.

Frei bewegliches Kapital (Finanzkapital) sucht stets profitable Anlagemöglichkeiten und schwirrt umher wie ein Bienenschwarm. Findet es keine, wird der Schwarm nervös. Findet sich endlich eine solche Anlage, entsteht ein regelrechter Ansturm. Als Argument dafür, ebenfalls einzusteigen, reicht es oft aus, dass alle anderen es tun (ein Herdeninstinkt). Es muss keine wirkliche Profitabilität vorliegen, der bloße Verdacht auf eine solche reicht schon aus. Dies hat zunächst den Effekt einer »self-fulfilling prophecy«, da durch die gestiegene Nachfrage die Preise von Unternehmensanteilen steigen. Wer früh Anteile kauft und rechtzeitig wieder aussteigt, kann schnell reich werden. Wenn sich dann zu einem Zeitpunkt, wo viel Kapital gebunden ist, endlich zeigt, dass die realen Gewinnchancen viel kleiner sind als gedacht, kommt es zum Platzen dieser Blase – die Preise verfallen schlagartig. Auf diese Weise wird viel Kapital vernichtet, Vermögen auf dem Papier verschwinden von heute auf morgen. Wenn es sich dabei um das Kapital systemrelevanter Banken handelt, sind sogar ganze Staaten gehalten einzugreifen. Dafür wurde jüngst viel Steuergeld verwendet, um einen Schaden zu beheben, durch den zuvor viele Kapitalbesitzer große Gewinne gemacht hatten. Dies widerspricht offensichtlich der Idee des unternehmerischen Risikos, das eigentlich den Profit legitimieren soll. Staatsbürger tragen das Risiko und zahlen drauf, während Spekulationsgewinne der »Glücksritter« an der Börse (MEW 25, 456) ohne Risiko maximiert werden können.

Der Kapitalismus kennt noch andere Krisenursachen als den Fall der Profitrate und die folgende Ausweitung instabiler Marktmechanismen; etwa die Anarchie der Produktion: das ständige Zuviel und Zuwenig einzelner Waren, eine beständige Über- und Unterproduktion. Diese machen den Menschen das Leben schwer, bedrohen aber nicht das System. Erst mit dem tendenziellen Fall der Profitrate hat Marx einen fatalen Widerspruch formuliert, der über den Kapitalismus hinaustrieb: »Die wahre Schranke der kapitalistischen Produktion ist das Kapital selbst« (MEW 25, 260). Warum ist dies ein Widerspruch zwischen Produktivkräften und Produktionsverhältnissen? Die Produktivkräfte, Kapital und Arbeit gemeinsam, könnten stets günstiger und effektiver produzieren, so den Reichtum an Gebrauchswerten vergrößern und zugleich mehr freie Zeit schaffen, indem ersparte Arbeitszeit nicht in mehr Produkte, sondern in mehr Freizeit umgelegt würde. Marx nennt dies mit Blick auf Kant das »Reich der Freiheit« (MEW 25, 828). Sie könnten es – aber sie tun es nicht. Was sie daran hindert, ist das Nadelöhr des Profitmotivs einzelner Kapitalisten, durch das alles hindurch muss, sowie dessen juristische Einbettung, seine Absicherung durch einen ganzen Apparat von Paragraphen, Anwaltsfirmen und Lobbyisten. Das Privateigentum an Produktionsmitteln wird rechtlich und politisch als dominantes Eigentumsverhältnis sanktioniert.

Eine Produktion und Aneignung von Gebrauchswerten nach den Bedürfnissen aller Gesellschaftsmitglieder und eine Regelung der Produktion, die die Arbeitslast insgesamt mindert, gleicher verteilt und ökologisch entgiftet, würde der Gesellschaft insgesamt zugute kommen, besonders den vielen Arbeitenden und Arbeitslosen. Wenn die Herrschaft des Privateigentums das verhindert, ist es zur Schranke geworden. Es schafft stattdessen eine Gesellschaft, in der nur wenige immer reicher werden, während die Menschen sich und andere sowie die natürlichen Ressourcen immer weiter ausbeuten, ohne je an den Punkt zu kommen, an dem sie in dieser wilden Jagd einmal innehalten könnten. Viele Menschen bringt erst eine Krankheit zu einem solchen Innehalten, ob durch körperliche oder durch seelische Erschöpfung. Marx zog daraus die Konsequenz, dass sich die private Verfügungsmacht über den gesellschaftlichen Reichtum überlebt habe. Eine gute Gesellschaft muss sich ihrer körperlich, seelisch und ökologisch destruktiven Dynamik entledigen. Aber wie genau sollte das aussehen? Damit springen wir ins Haifischbecken der Politik.

Folgen in der Politik

Im Kapitalismus sieht Marx wachsende Probleme: Trotz des grotesken Reichtums in den Händen weniger wächst die Armut in weiten Teilen der Bevölkerung weltweit; es kommt durch diese soziale Schere zu sozialen Erosionen, politischen Spannungen, kulturellen Konflikten und einer massiven Schädigung der Ökosphäre. Da die »bürgerliche« Ökonomie kein sonderliches Interesse zeigte, diese Missstände aufzuklären, machte Marx sich selbst daran. Seine Erwartung war, dass sich damit eine »Waffe der Kritik« (MEW 1, 385) finden ließe, die im politischen Kampf Wasser auf die Mühlen des Proletariats gießen würde. Wenn die Marxsche Diagnose auch nur annähernd zutrifft, dann hat sie gravierende Folgen für die Politik. Nicht, weil sie als Theorie etwas durcheinanderbringt, was sonst in Ordnung wäre (etwa als aufrührerische Demagogie), sondern wegen dem, was sie in der Wirklichkeit freilegt. Man kann nicht den Überbringer der schlechten Nachricht für diese haftbar machen. Versuchen wir also, die politischen Folgen auszubuchstabieren.

Die wirtschaftliche Grundlage moderner Gesellschaften ist wie ein gewaltiges Rad: Sie rotiert und schwankt, und das immer schneller. Dabei kann ungeheurer Reichtum geschaffen werden. Das haben in der Vergangenheit die drei goldenen Jahrzehnte nach 1945 gezeigt; man nennt sie golden, weil hier einmal etwas unten ankam. Doch auf den Reichtum ist kein Verlass. Das Glück kann sich wenden: Handelsrouten verlagern sich, Trends können verschlafen werden, Industrien sich umwälzen. Zudem verteilt sich kapitalistischer Reichtum stets ungleich, was sozialen Sprengstoff birgt. Märkte kennen keine Garantie dafür, dass der kapitalistische Gewinn automatisch zum Vorteil der Schlechtergestellten ausfällt, wie es die einflussreiche Gerechtigkeitstheorie von John Rawls erträumte. Vielmehr kennen viele Märkte einen »winner takes all«-Mechanismus: Wenige bekommen alles, die anderen nichts. Das ist nicht nur im Sport oder in der Kunst so, auch ein Blick auf die Verteilung der »Gewinne« im Bankenwesen zeigt Ähnliches: Zinsen auf Erspartem liegen seit Jahren knapp über Null, obwohl Banken ohne diese Einlagen kaum Eigenkapital hätten; Führungskräfte und Vorstände fahren gleichwohl Millionengehälter und »Boni« ein, selbst wenn sie durch Leichtsinn ihren Kunden und Beschäftigten schaden.

Im Bereich der Löhne liegt es ebenso im Argen: Versuche, die Öffnung der Lohnschere einzudämmen (das Verhältnis der einfachsten zu den höchsten Gehältern, das in manchen Ländern bei 1 zu 500 liegt), waren selten von Erfolg gekrönt, nicht einmal in der Schweiz, trotz Basisdemokratie und hohen Volkseinkommens. Auch jahrzehntelange Bemühungen, das kapitalistische Wirtschaftssystem ökologisch zu zähmen, hatten wenig Erfolg: Jahr für Jahr wird mehr statt weniger Energie verbraucht, mehr Gift in die Atmosphäre, die Gewässer, die Erde und die Organismen gepumpt, werden Urwälder abgeholzt, Flächen versiegelt; Menschen sterben allerorten an Hunger und Krankheiten, die leicht zu vermeiden wären. Pharmafirmen verbieten ärmeren Ländern die Abgabe von Generika, stattdessen wird in sogenannte »grüne« Gentechnik investiert, die den Kleinproduzenten endgültig die Kontrolle über ihre

Arbeitsmittel entreißt und eine weitere Zunahme von Giften und Erosionen provoziert. Durch leichtsinnige Vergabe von Antibiotika an Tiere züchtet die »Nahrungsmittelindustrie« Resistenzen, und der Präsident der USA hat soeben die Rückkehr der fossilen Energieträger eingeleitet (er nennt es »clean coal«) und die Rücknahme sozialer Leistungen sowie die Ausgrenzung von Ausländern und Nonkonformisten angekündigt.

Woran liegt es, dass so wenig ausgerichtet werden konnte, obwohl ein Wissen um diese Missstände seit langem vorliegt? Wie hat sich der Kapitalismus gegen seine Kritik immunisiert? Einiges dürfte auf menschliche Schwächen zurückgehen. Manches ist indes strukturell bedingt. Zumindest einige Phänomene des Stillstands lassen sich mit Marx verständlich machen. Seine Kritik des Reformismus war keine Prinzipienreiterei, sondern hatte genau diese Vergeblichkeit bereits im Blick. Wie hat er sie zu erklären versucht?

Die Grenzen des Reformismus

Viele Beispiele zeigen, dass die Lage arbeitender Menschen, ob Frauen oder Männer, sich nicht von allein, nicht »naturwüchsig« verbessern wird – es braucht dazu den Druck von außen. Er kann von oben kommen, durch rechtliche Vorgaben von Staaten (solange sie eine Macht über die Wirtschaft haben); oder von unten, durch eine organisierte Arbeiterschaft, die durch koordinierte Maßnahmen dem Kapital etwas entgegensetzt. Im besten Fall geht beides Hand in Hand, genau deswegen streben Arbeiterparteien die politische Macht an. In einigen Ländern Europas, wie Schweden, England oder Deutschland, hat die Sozialdemokratie sogar einige Änderungen erreicht. Marx hielt die Erfolgsaussichten solcher Maßnahmen allerdings für begrenzt.

Der zweite Band des *Kapitals* (MEW 24) legt die ungeheure

Flexibilität des Kapitalismus dar: Es gibt keine langfristigen Unterkonsumtions- oder Überproduktionskrisen. Daher können im Arbeitskampf höhere Löhne oder kürzere Arbeitszeiten ertrotzt werden, ohne dass dies das System gefährden würde. Diese Flexibilität gilt allerdings für beide Seiten, entgegen den Behauptungen der Unternehmerseite (zu hohe Löhne gefährden die Profite nicht automatisch), aber auch der Seite der Arbeit: Zu tiefe Löhne gefährden die Nachfrage nicht notwendig. Man kann daher nicht erwarten, dass ausreichende Löhne im Interesse des Kapitals seien, wie es Keynesianer manchmal behaupten. Wenn es aber keine »natürliche« Lohnhöhe gibt, dann lohnt es sich immer, zu kämpfen. Arbeiter können und sollen sich zusammenschließen zu Gewerkschaften, Genossenschaften, Vereinen und Parteien, um ihre Lage selbstbestimmt zu verbessern. So können sie politische und wirtschaftliche Verbesserungen erkämpfen und machen sich unabhängig von Bevormundung und Kontrolle. Nur gibt es leider einige Haken. Ein Erfolg der Arbeiterbewegung kann Effekte haben, die Marx dazu veranlassten, über solche Lohnkämpfe, ja über Reformen überhaupt hinauszublicken (dazu etwa in MEW 4, 179). Welche paradoxen Effekte einer Lohnerhöhung sind denkbar?

Ein erster Punkt wurde nicht von Marx, sondern von Liberalen ins Feld geführt (etwa von Friedrich August von Hayek, aber er hat das Argument nicht erfunden): Eine Erhöhung der Löhne verpufft, weil durch die gestiegene Geldmenge die Preise steigen würden – die Inflation frisst Lohnsteigerungen auf. Dem trat schon Marx mit Ricardo entgegen (MEW 16, 119 f., 152): Was nicht in Löhne geht, geht in Profite, die Geldmenge ist also weitgehend unberührt davon, wer es bekommt. Daneben bestritt Marx die Quantitätstheorie des Geldes, die die liberale Argumentation motiviert (Henning 2005, 69 ff.). Ihr zufolge bestimmt allein die Menge des umlaufenden Geldes die Preise. Dagegen hielt Marx fest, dass Waren sich notfalls auch ohne Geld tauschen lassen, doch Geld ohne zu kaufende Ware nichts wert ist. Daher bestimmt nicht die Geldmenge den Preis der Waren, sondern umgekehrt: Der im Preis ausgedrückte Wert der Waren erheischt zu seiner Zirkulation eine bestimmte Menge Geld (MEW 13, 84). Es ist daher ein Fehlschluss, dass allein die Lohnhöhe die Preise bestimmt.

Ein zweiter Punkt sagt, dass weniger Profit bedeuten kann, dass weniger Menschen eingestellt werden. Mit der gestiegenen Arbeitslosigkeit erhöht sich die Konkurrenz auf dem Arbeitsmarkt. Vielleicht wird sogar weniger re-investiert, weil die Gewinnaussichten sinken. Auch das verringert Arbeitsplätze. Mehr Arbeitslosigkeit erhöht die Konkurrenz der Arbeitenden, was auf die Löhne drückt. Dieser erste Rückkoppelungsmechanismus deckelt Lohnsteigerungen mittelfristig (MEW 23, 665): Höhere Löhne heute senken die Löhne morgen.

Drittens können gestiegene Löhne, sofern Hindernisse beseitigt sind (ein Ziel neoliberaler Deregulierung), das Kapital zur Verlagerung der Standorte verlocken (exit option). Selbst die Androhung dessen verleitet Politiker wie große Firmen zur Forderung an Arbeiter, wieder mehr »Lohnzurückhaltung« zu üben. Schuld an der Arbeitslosigkeit seien nicht wegziehende Unternehmen, sondern maßlose Gewerkschaften. Die Verbreitung dieser Botschaft in den Talkshows übernehmen Experten der ökonomischen Wissenschaft gern. Selbst wenn dieser Mechanismus eher psychologisch ist – er wirkt.

Viertens motivieren steigende Löhne zu Investitionen in arbeitssparende Technologien (zunächst in der eigenen Industrie, MEW 4, 176). Das führt zur Freisetzung von Arbeitskräften, was erneut die Löhne drückt (sowie, wie wir sahen, die Profitrate).

Wo solche Investitionen gescheut werden, gibt es fünftens den Weg einer Intensivierung der Arbeit: In der gleichen Zeit soll mehr geschafft werden. Neue Managementmoden, Führungs- und Überwachungstechniken (»reporting«) sowie eine

Die Grenzen des Reformismus

Verschärfung der Konkurrenz unter Arbeitenden etwa durch Abbau von Arbeitsplatzsicherheit sind effektive Mittel.

Sechstens lässt sich auch darüber nachdenken, Kapital in andere Sektoren umzuleiten; dahin, wo es weniger Gewerkschaften und daher weniger Gegenmacht gibt (z. B. im Handel oder Dienstleistungssektor, man denke nur an die Skandale beim Onlineversand oder die Drangsalierung von Beschäftigten in Supermärkten).

Siebtens können neue Formen von Arbeit entwickelt werden, die die Ausbeutung erleichtern und Lohnnebenkosten einsparen (auch dies erhöht den Mehrwert): Leiharbeit, Praktika, Scheinselbständigkeit oder »kreative« Arbeit mit flexiblen Arbeitszeiten und auf eigene Kosten (Manske 2015). Daran angelehnt haben Luc Boltanski und Ève Chiappello (1999) eine Theorie des »Neuen Geistes« des Kapitalismus aufgestellt, derzufolge der Kapitalismus jede Kritik in sich aufsaugt und in eine Produktivkraft verwandelt – denn, so die These, kreative Arbeit trete ja mit dem Anspruch auf, weniger entfremdet zu sein. Aus der Sicht von Marx ist das nichts Neues. Gerade diese Vereinnahmungstendenz war sein Motiv, auf weiter reichendere Maßnahmen zu drängen.

Achtens schließlich gibt es einen langfristigen politischen Effekt. Wie Arbeiter durch die seltsame Rhetorik, derzufolge es die Aufgabe der Arbeiter selbst sei, durch Lohnverzicht Arbeitsplätze zu erhalten, eine Loyalität zu »ihren« Unternehmen entwickeln sollen (wir alle müssen den Gürtel enger schnallen, um die Arbeitsplätze zu sichern), so bekommen manche Parteieliten durch die Möglichkeit, Verhandlungen zu führen, einen Geschmack für die politische Macht im System. Sie entwickeln sich zu einer staatstragenden Macht; der frühere »Genosse der Bosse« bekommt von Firmen großzügige Posten, Betriebsräten werden Luxusreisen gesponsert etc. Es geht nicht um die Frage, ob hier Korruption im Spiel ist, sondern um den Funktionswechsel: Opposition kann zu Affirmation werden, sobald sich intransparente Mechanismen einer »gütlichen« Einigung zwischen Führungsebenen einspielen. Lenin war voller Hass auf diese sogenannte »Arbeiteraristokratie«, die sich vom Kapital hatte kaufen lassen.

Angesichts dieser Fülle möglicher Reaktionen auf erfolgreiche Lohnerhöhungen verblasst deren Auswirkung merklich. Es wird zum einen zur Aufgabe, Verbesserungen permanent zu erfechten und dabei die Fülle der unerwünschten Auswirkungen im Blick zu behalten. Dies erfordert einen hohen Grad an Organisation und Reflexion. Die Internationale Arbeiterassoziation etwa beabsichtige, eigene wissenschaftliche Untersuchungen zu führen (MEW 17, 448). Zum anderen empfiehlt es sich, statt immer wieder an den Symptomen zu werkeln (vor allem dem permanenten Druck des Kapitals, Arbeitszeiten zu verlängern, Löhne zu senken und Rechte zurückzuschrauben), an die Wurzel zu gehen und die gewonnene Handlungsmacht, gesellschaftlich wie politisch, zu grundlegenden Veränderungen zu nutzen (MEW 16, 152). Letztlich ginge es darum, die Eigentumsverhältnisse zu verändern und die Produktionsmittel unter »gemeinschaftliche Kontrolle« zu bringen (MEW 25, 828). »Die Expropriateurs werden expropriiert« (MEW 23, 791).

Was geschieht in dieser Situation mit der Ausbeutung? Marx betonte in seiner *Kritik des Gothaer Programmentwurfs* von 1875, dass es auch im Sozialismus Rücklagen geben müsste: zum Ersatz der verbrauchten Produktionsmittel und zur Ausdehnung der Produktion, für Reservefonds gegen Unglücke und Naturkatastrophen; für Verwaltungskosten, Schulen, Gesundheitsvorrichtungen sowie das, was einst Armenpflege hieß (MEW 19, 18 f.). Skandalös an der Ausbeutung ist also nicht, dass etwas von dem durch lebendige Arbeit produzierten Mehrertrag abgezogen wird. Skandalös ist vielmehr, wie dies geschieht: nämlich in Form eines Gutdünkens Einzelner – das ist eine Form von willkürlicher Herrschaft anstelle von gemeinschaftlicher Kontrolle; zudem befördert dies die Ungleichheit, da ein großer Teil der Abzüge an die privaten Eigentümer fließt und so der Reinvestition oder den Löhnen entgeht.

Alternative politische Ziele und die Ambivalenz des Politischen

Marx begreift die »ökonomische Emanzipation der Arbeiterklasse« (MEW 16, 14) als ein Ziel, das selbst nicht politisch ist, das vielmehr die Politik im alten Sinne erübringt, mit einem Staat, der sich von der Gesellschaft abgelöst hat. Allerdings bedarf es unter den gegebenen Bedingungen einstweilen der Politik, um die Transformation zustande zu bringen. Diese Politik dient allerdings nur ihrer eigenen Abschaffung. Diese Doppeldeutigkeit konnte weder von Freund noch Feind aufgelöst werden. Sie hatte bedeutsame Folgen.

Die politischen Ziele, die Marx und Engels formulierten, machten nicht zufällig Wandlungen durch. Linien, die sich durchziehen, sind zunächst die »Eroberung der politischen Macht durch das Proletariat« (MEW 4, 474). Diese Forderung von 1848 fundiert noch das Programm der Internationale von 1864: »Politische Macht zu erobern ist daher jetzt die große Pflicht der Arbeiterklassen« (MEW 16, 12). In Demokratien war dies durch Wahlen möglich. Ein zweites bleibendes Merkmal ist der Internationalismus: »Proletarier aller Länder, vereinigt euch«, heißt es kontinuierlich (MEW 4, 493, MEW 5, 3, von 1848, MEW 16, 13, von 1864, MEW 17, 6, von 1871). Was sich hingegen verändert ist die Frage der Bündnispolitik.

Das Programm, das Marx und Engels in der Revolution von 1848 verbreiteten, kam zwar von Kommunisten, enthielt aber keinen Kommunismus, sondern eine Politik, die auch progressive bürgerliche Demokraten hätten unterschreiben können. Es richtete sich gegen den feudalen Einfluss in Politik und

Wirtschaft und zielte auf die Einrichtung einer Demokratie, um Bildung für alle, eine Umverteilung der Lasten und eine Emanzipation vor allem der Landbevölkerung zu ermöglichen. Dieses Programm war gegenüber den Forderungen des Manifests zugleich gestrafft und entschärft worden. Hier ist eine gekürzte Übersicht über die Forderungen von 1848:

1. *Ganz Deutschland wird eine Republik.*
2. *Jeder Deutsche ist Wähler und wählbar.*
3. *Volksvertreter werden besoldet, damit auch Arbeiter im Parlament sitzen können.*
4. *Allgemeine Volksbewaffnung (um Despoten keine militärische Rückversicherung zu geben).*
5. *Die Gerechtigkeitspflege ist unentgeltlich.*
6. *Alle Abgaben des Landvolks werden abgeschafft.*
7. *Feudale Landgüter werden in Staatseigentum umgewandelt.*
8. *Hypotheken auf Bauerngütern werden Staatseigentum.*
9. *Grundrente wird als Steuer an den Staat gezahlt.*
10. *An die Stelle aller Privatbanken tritt eine Staatsbank.*
11. *Alle Transportmittel nimmt der Staat in seine Hand. Sie werden der unbemittelten Klasse zur unentgeltlichen Verfügung gestellt.*
12. *Alle Beamten verdienen gleich, nur Familien bekommen mehr.*
13. *Trennung von Kirche und Staat. Geistliche werden von ihrer freiwilligen Gemeinde besoldet.*
14. *Beschränkung des Erbrechts.*
15. *Progressivsteuern, Abschaffung der Konsumtionssteuern.*
16. *Nationalwerkstätten (d. h. Beschäftigungsprogramme).*
17. *Allgemeine, unentgeltliche Volkserziehung (nach MEW 5, 3–5).*

Man merkt, wie Marx und Engels auf der einen Seite versuchen, das Bürgertum nicht zu sehr abzuschrecken. Herausgefallen waren gegenüber der früheren Version unpopuläre Forderungen wie »Arbeitszwang«, »öffentliche Erziehung aller Kinder« oder die umstandslose »Expropriation des Grundeigentums« (MEW 4, 481). Das Programm ist gegen den landbesitzenden

Adel gerichtet, der in den Landständen noch herrschte, und dabei konnte man auf die Unterstützung zumindest des aufbegehrenden Bürgertums rechnen. (Andere Teile orientierten sich weiter am Adel, wie man es etwa in deutschen Romanen von J. W. von Goethe bis Theodor Fontane spürt). Auf der anderen Seite soll der Bildung oder Stärkung neuer Klassen vorgebeugt werden: Ein bankenbasierter Geldadel, ein bürokratischer Staatsadel oder ein Bauerntum mit kleinem Landbesitz, das von Subventionen abhängig wäre, würden gar nicht entstehen, da möglichst viel in dieser Umstrukturierung gemeinsam verwaltet und so der Entstehung von Sonderklassen das Wasser abgegraben wird. Das Großbürgertum würde eingeschränkt (progressive Einkommenssteuern und Erbschaftssteuern sollen noch heute allzu großen sozialen Unterschieden entgegenwirken). Das ist der Idee nach auch im Interesse einfacher Bürger und Handwerker, die so im wirtschaftlichen Konkurrenzkampf bessere Chancen erhalten.

Nur zwei Jahre später allerdings, nach der Niederschlagung der 1848er Revolution, waren Marx und Engels weniger koalitionsfreudig. Aus ihrer Sicht war das Bürgertum einerseits zu zögerlich im Kampf gegen die alten Mächte, denen es sich durch das Angebot der Kaiserkrone an den preußischen König sogar angebiedert hatte; andererseits war es zu wenig solidarisch mit den Partnern aus anderen Schichten wie Handwerk und Arbeit gewesen. Daher setze sich 1850 im Exil eine härtere Linie durch – die angesichts des verlorenen Postens zunächst Fiktion blieb. Zwar ist man immer noch vorsichtig: »Die Arbeiter können natürlich im Anfange der Bewegung noch keine direkt kommunistischen Maßregeln vorschlagen« (MEW 7, 253). Doch nun werden Pläne für den zweiten Schritt geschmiedet, wenn die erste Phase, die bürgerliche Revolution, die sich der monarchisch-feudalistischen Hülle entledigt, einmal gemeinsam errungen ist:

»Die Arbeiter müssen vor allen Dingen während des Konfliktes und
unmittelbar nach dem Kampfe […] der bürgerlichen Abwiegelung
entgegenwirken und die Demokraten zur Ausführung ihrer jetzigen
terroristischen Phrasen zwingen. Sie müssen dahin arbeiten,
daß die unmittelbare revolutionäre Aufregung nicht sogleich nach
dem Siege wieder unterdrückt wird« (MEW 7, 249).

Ein Hauptunterschied zu liberalen Parteien tritt schon hinsichtlich der ersten Phase, der bürgerlichen Revolution, zutage: Marx schreibt den Sozialisten einen starken Bundesstaat
ins Stammbuch, weil er von den vielen regionalen Mächten nur
Beharrung erwartet, während das Bürgertum eher föderal und
damit konservativ denke:

»In einem Lande wie Deutschland, wo noch so viele Reste des Mittel-
alters zu beseitigen sind, wo so vieler lokaler und provinzialer
Eigensinn zu brechen ist, darf es unter keinen Umständen geduldet
werden, daß jedes Dorf, jede Stadt, jede Provinz der revolutionären
Tätigkeit, die in ihrer ganzen Kraft nur vom Zentrum ausgehen
kann, ein neues Hindernis in den Weg lege« (MEW 7, 252).

Das ist ein Keim des »demokratischen Zentralismus« im Sta-
linismus, in dem die Staatsmacht alle Fäden des gesellschaftlichen Lebens an sich riss und nicht mehr losließ (eine »Zent-
ralverwaltungswirtschaft«, in der von Demokratie leider wenig
zu sehen war). Das ist das Verwirrende an den Nachwirkun-
gen des Marxschen Erbes in der Politik: Da Marx die Strategie
in verschiedenen Jahrzehnten veränderte, lassen sich in seinen
Schriften Rechtfertigungen für unterschiedliche Politiken finden. Fairerweise muss man daher sagen, dass Marx diesen Zentralismus vor allem für die Übergangsphase anpeilte. Diese Er-
fahrung machte Marx an der Pariser Kommune fest: Sollte den
Arbeitern die politische Macht tatsächlich einmal in die Hände
fallen (und Marx und Engels erwarteten, dass Kriege dabei eine
Rolle spielen würden), so galt es, der zu erwartenden gewaltsa-

men Gegenwehr der alten Eliten schnell und entschlossen entgegenzuwirken. Diese würden demokratische Entscheidungen nicht akzeptieren, sobald sie ihre Interessen verletzten. Daher schrieb Marx die verhängnisvollen Worte:

> »Zwischen der kapitalistischen und der kommunistischen Gesellschaft liegt die Periode der revolutionären Umwandlung der einen in die andre. Der entspricht auch eine politische Übergangsperiode, deren Staat nichts andres sein kann als die revolutionäre Diktatur des Proletariats« (MEW 19, 28, MEW 7, 89).

Eine marxistische Interpretation der Weimarer Republik könnte genau diesen Punkt machen: Man war überrumpelt von der plötzlichen Macht. Zwar war die Sozialdemokratie mit Friedrich Ebert eigentlich an der Regierung, doch man ließ die alten Eliten in Wirtschaft und Verwaltung, Polizei und Armee gewähren – und hatte sich damit selbst die Natter an die Brust gesetzt. Die Sozialdemokraten wurden rasch für die Spätfolgen eines verlorenen Krieges verantwortlich gemacht, den ganz andere angezettelt hatten.

Für Marx war dieser zentralistische Übergang kein Selbstzweck, wie er es dann für Stalin, Ulbricht und Co. wurde. Er war der Idee nach nur Mittel zur Abschaffung der politischen Herrschaft, die auf der ökonomischen Ungleichheit in den Eigentumsverhältnissen basierte. Würde hier Demokratie eingeführt, also die gemeinsame Bestimmung über die gemeinsam Ressourcen, so verlöre die politische Herrschaft, egal welcher Couleur, ihre Basis. Diese Idee artikulierte Marx schon früh:

> »[I]st alle Produktion in den Händen der assoziierten Individuen konzentriert, so verliert die öffentliche Gewalt den politischen Charakter. Die politische Gewalt im eigentlichen Sinne ist die organisierte Gewalt einer Klasse zur Unterdrückung einer andern. Wenn das Proletariat [...] durch eine Revolution sich zur herrschenden Klasse macht und als herrschende Klasse gewaltsam die alten

Produktionsverhältnisse aufhebt, so hebt es mit diesen Produktions-
verhältnissen die Existenzbedingungen des Klassengegensatzes,
die Klassen überhaupt, und damit seine eigene Herrschaft als Klasse
auf« (MEW 4, 482).

Gesetzt man vertraut darauf, dass eine zur Macht gekommene
Partei diese politische Macht tatsächlich wieder abgibt (es gibt
reichlich Anlass, das zu bezweifeln), welche Gestalt sollten die
politischen Strukturen danach eigentlich haben? Post-politi-
sche Politik soll keine Herrschaft mehr sein, sondern nur der
Verwaltung dienen. »An die Stelle der Regierung über Personen tritt die Verwaltung von Sachen« (Engels, MEW 20, 262).
Doch auch Verwaltung kann herrschen. Sie muss daher, zumal wenn sie im großen Stil erfolgen soll, demokratisch kont-
rolliert werden. Auch wenn Marx sich dagegen wehrte, luftige
Pläne für eine Gesellschaft der Zukunft zu bauen, machte er
doch am Beispiel der Pariser Kommune einige Vorgaben. Inter-
essanterweise ist hier vom »Zentralismus« nichts mehr zu sehen, im Gegenteil. Marx ist nun ganz Föderalist und Basisde-
mokrat: Die »Selbstregierung der Produzenten« (MEW 17, 340)
soll sich lokal und regional vollziehen, um die schon im Frühwerk bemängelte politische Entfremdung zu überwinden (vgl.
MEW 1, 370):

> *»Die Kommunalverfassung würde [...] dem gesellschaftlichen Körper*
> *alle die Kräfte zurückgegeben haben, die bisher der Schmarotzer-*
> *auswuchs ›Staat‹, der von der Gesellschaft sich nährt und ihre freie*
> *Bewegung hemmt, aufgezehrt hat«* (MEW 17, 341).
> *»Statt einmal in drei oder sechs Jahren zu entscheiden, welches Mit-*
> *glied der herrschenden Klasse das Volk im Parlament ver- und*
> *zertreten soll, sollte das allgemeine Stimmrecht dem in Kommunen*
> *konstituierten Volk dienen«* (MEW 17, 340).

97

Möglich war also vieles, die Frage war nur, wann welche Strategie angemessen war: War es Zeit für Reformen oder für Revolutionen? War es Zeit, Bündnisse einzugehen, oder Zeit, die Bündnispartner zu brüskieren, zu reizen oder gar zu bekämpfen? Und vor allem: welche Instanz sollte das entscheiden? An dieser Frage brachen die Flügel der Arbeiterbewegung auseinander: Die Marxsche Vorgabe, dass man zunächst Bündnisse mit Demokraten schmieden sollte, um im Falle einer erfolgreichen politischen (»demokratischen«) Revolution gleich auf eine weitere, soziale Revolution zu setzen, war in der Sache klar. Schwierig war es nur, zu entscheiden, wo man sich in der Gegenwart genau befand. Sollte eine Arbeiterpartei, die eine Wahl in ein Parlament erreicht hat, das als Signal zum ›Losschlagen‹ deuten oder sich vielmehr auf den Weg machen, durch viele kleine Schritte diesen großen Schritt zunächst vorzubereiten – oder gar überflüssig zu machen? Es ist üblich, hier eine Fraktion des Zauderns und der kleinen Schritte als »Reformismus« (von Eduard Bernstein bis zum Godesberger Programm) von einer Fraktion des Aktionismus und des revolutionären Spontanismus zu unterscheiden (zu der trotz aller Differenzen etwa Lenin und Rosa Luxemburg zu zählen wären). Was in diesem jahrzehntelangen Ringen zwischen den Flügeln wie eine Tragödie wirkte, verkam unter Stalin zur grausamen Farce, als dieser regelmäßig mal Rechts-, mal Linksabweichler beschuldigte und verurteilte. Die Verantwortung für all die Untaten kann man schwerlich Marx persönlich zur Last legen. Wohl aber gehören auch diese politischen Grausamkeiten zu den »Folgen einer Theorie« (Mohl u. a. 1967), die gerade im Politischen vieles unbestimmt gelassen hatte.

Allerdings gibt es auch ganz andere Folgen im Politischen: Auch Staaten außerhalb von Stalins Einfluss hatten jahrzehntelang sozialistische Regierungen. Jedes dieser Länder hat seine eigenen Erfahrungen gemacht, die sich nicht über einen Kamm scheren lassen – man denke etwa an Frankreich, Italien, Schweden, Österreich, Jugoslawien, auch Deutschland (in West wie Ost), daneben Guyana, Nicaragua, Chile (die beide mithilfe der USA militärisch bekämpft wurden), Bolivien, Indien, auch Staaten in Afrika usw. Wo der Reformismus überwog, muss man keine Naivität unterstellen; viele sozialdemokratische Politiker hatten die Praktiken Moskaus hautnah erleben können. Sie hatten guten Grund, den Reformismus in einer Demokratie dem Radikalismus einer Diktatur vorzuziehen.

Es ist nicht leicht zu sagen, wie Marx über diese verschiedenen sozialistischen Modelle wohl gedacht hätte: Wie weit darf eine »revolutionäre Diktatur« eigentlich gehen? Verliert sie ihre Berechtigung, wenn das Proletariat, Landlose oder verarmte Kleinbauern keine Mehrheit mehr bilden? Wie soll eine sozialistische Partei agieren, wenn sie nur einen kleinen Teil der Bevölkerung abbildet? Wäre sie nicht besser beraten, »normale« parlamentarische Politik zu betreiben und Kompromisse zu suchen, sofern das vom politischen Gegner ermöglicht wird? Und was, wenn es keinen zu verteilenden Reichtum gibt, sondern stattdessen bittere Armut allenthalben? Ist es klug, die Industrialisierung gewaltsam zu beschleunigen, wie es Stalin und Mao mit vielen Opfern versuchten? Oder wäre es sinnvoller, vorhandene ältere Formen des Gemeineigentums »umzuformen, statt sie zu zerstören« (MEW 19, 398, aus dem Brief an Vera Sassulitsch)?

Fragen wie diese lassen sich nicht ›aus der Hüfte‹ beantworten. Dennoch haben Rezeptionswellen der Marxschen Theorie wie in den 1920er und 1960er Jahren oder heute immer wieder den fruchtbaren politischen Effekt, eingetretene Pfade zu hinterfragen und neue Wege zu suchen. Diesem Provokationspotential kann man nicht dadurch ausweichen, dass man die von Marx benannten Probleme einfach übergeht. Dass eine Lösung noch nicht gefunden ist, heißt ja nicht, dass das Problem vom Tisch ist. Im Gegenteil, uns steht mit der nicht enden wollenden ökonomischen Krise, mit der drastischen Klimaveränderung und den globalen Fluchtbewegungen eine erneute Auseinandersetzung mit den Auswirkungen kapitalistischen Wirtschaftens bevor. Nach Marx können weder nationale Sonderwege noch der Glaube an Selbstheilungskräfte des Marktes langfristig weiterhelfen. Es bedarf mehr denn je der entschlossenen internationalen Solidarität, gerade unter Erniedrigten und Beleidigten.

Weiterungen des Politischen: Feminismus, Ökologie und Postkolonialismus

Ein Kapitel über Folgen der Marxschen Theorie in der Politik wäre unvollständig, wenn nicht wenigstens drei Weiterungen der kapitalismuskritischen Theorie und Praxis nach Marx genannt würden: Der Feminismus, die Ökologie und der Postkolonialismus. Alle drei kommen schon im Marxschen Werk vor, waren jedoch kein Gegenstand einer eigenständigen Politisierung. Als Einstieg eignet sich folgende Passage, die Marx 1844 schrieb:

> »Der Arbeiter fühlt sich daher erst außer der Arbeit bei sich und in der Arbeit außer sich. Zu Hause ist er, wenn er nicht arbeitet, und wenn er arbeitet, ist er nicht zu Haus. Seine Arbeit ist daher nicht freiwillig, sondern gezwungen, Zwangsarbeit. Sie ist daher nicht die Befriedigung eines Bedürfnisses, sondern sie ist nur ein Mittel, um Bedürfnisse außer ihr zu befriedigen« (MEW 1844, 514).

Die Betonung eines »Zuhause« lenkt den Blick auf eine Stelle, die wir bisher nicht betrachtet haben. Was macht »der« Arbeiter eigentlich zu Hause? Man kann Marx nicht unterstellen, er habe hier eine nostalgisch heile Welt des Familienlebens zeichnen wollen – ihm war bewusst, dass sich Herrschaft und Unterdrückung auch nach der Arbeit fortsetzen; etwa dadurch, dass die Freizeit von der Arbeit aufgefressen oder dass die Ausbeutung durch die Kapitalisten auch nach der Arbeit fortgesetzt wird (durch Ausnutzung der geringen Mobilität der Arbeitenden konnten überhöhte Preise verlangt werden, etwa in firmeneigenen Geschäften):

> »Ist die Ausbeutung des Arbeiters durch den Fabrikanten so weit beendigt, daß er seinen Arbeitslohn bar ausgezahlt erhält, so fallen die andern Teile der Bourgeoisie über ihn her, der Hausbesitzer, der Krämer, der Pfandleiher usw.« (MEW 4, 469).

Es gibt aber noch eine weitere Dimension, die sich »zu Haus« abspielt, bei der es um Befriedigung von Bedürfnissen geht und bei der es ebenfalls »Zwangsarbeit« gibt: das Geschlechterverhältnis. Noch schlechter als den männlichen Arbeitern ging es nämlich den weiblichen: Auch sie mussten in vielen Fällen hart arbeiten, aber darüber hinaus fiel ihnen traditionell die Hausarbeit zu. Die Reproduktion der Arbeitskraft, die sich ja »zu Haus« vollzieht, umfasst die Versorgung mit Nahrung, Kleidung und dergleichen, daneben Schwangerschaften, Erziehung der Kinder und die emotionale Stützung des Mannes. Dies vollzog sich in vielen Fällen rechtlos: Frauen waren den Männern untergeordnet und wurden als bloße »Mittel« betrachtet. Aus dieser doppelten Bürde gab es keinen Ausweg: Versuchten Frauen der Überlastung zu entkommen, indem sie nicht außer Haus arbeiteten (was nur möglich war, wenn ein Lohneinkommen die Familie ernährte), wurde die Abhängigkeit vom Mann nur noch größer – und das Einkommen sank.

Marx wurde zuweilen vorgeworfen, er habe dieses Problem nicht in der nötigen Schärfe gesehen und benannt. Dabei ist Marx der Letzte, der sich für die patriarchalische Familie stark gemacht hätte (jedenfalls nicht in der Theorie). Das *Manifest* beschreibt schon die Auflösung der Familienstrukturen: Arbeiter litten aufgrund ihrer Armut und Arbeitsbelastung unter einer »erzwungenen Familienlosigkeit« (MEW 4, 478; vgl.

bereits Engels in MEW 2, 369 ff. sowie Brown 2012); und unter Bürgerlichen herrsche die Heuchelei:

> »Unsre Bourgeois, nicht zufrieden damit, daß ihnen die Weiber und Töchter ihrer Proletarier zur Verfügung stehen, von der offiziellen Prostitution gar nicht zu sprechen, finden ein Hauptvergnügen darin, ihre Ehefrauen wechselseitig zu verführen« (MEW 4, 479).

Engels baute diesen Gedanken nach Marx' Tod (1884) aus: Das bürgerliche Familienideal sei mit dem Kapitalismus verbunden, denn in beiden Fällen sei Privateigentum die Wurzel. Denn so, wie das Bürgertum die Arbeiter beherrsche, weil es die Produktionsmittel besitze, so sei die Frau innerhalb der Ehe »Eigentum« ihres Gatten. Noch zu Lebzeiten von Marx erschien *Die Frau und der Sozialismus* von August Bebel (1879), neben Wilhelm Liebknecht damals der wichtigste marxistische Sozialdemokrat. Bebel betonte die Macht der sexuellen Unterdrückung und forderte eine volle Gleichberechtigung der Frauen. Er konnte dafür auf Frühsozialisten wie Charles Fourier (1772–1837) zurückgreifen, dem er ebenfalls ein Buch widmete (erschienen 1888, verfasst 1874). Der vielseitige Autodidakt Bebel schrieb 1884 übrigens auch ein Buch, in dem er die »mohammedanisch-arabische Kulturperiode« rehabilitieren wollte; er hatte einen erstaunlichen Blick für das Ausgeschlossene.

Es folgten starke Frauen in der Partei wie Luise Zietz (genannt der »weibliche Bebel«), Clara Zetkin (die 1889 ein Büchlein zur *Arbeiterinnen- und Frauenfrage in der Gegenwart* publizierte und die Zeitschrift *Gleichheit* herausgab), Alexandra Kollontai (die erste Ministerin weltweit) oder Rosa Luxemburg, die parteiintern wie politisch Erstaunliches erreichten. Bis heute gibt es im Marxismus einen feministischen Zweig und im Feminismus einen marxistischen – man denke international an Namen wie Lise Vogel, Maria Mies, Nancy Folbre, Silvia Federici oder Catharine McKinnon. Auch im deutschsprachigen Raum gab es bis 1989 eine streitbare marxistisch-feministische Diskussion (genannt seien Regina Becker-Schmidt, Ursula Beer, Frigga Haug, Ilona Ostner oder Roswitha Scholz).

Man kann dem Marxismus daher keine Blindheit gegenüber diesem Problem vorwerfen. Wenn der Feminismus zuweilen als Absetzung vom Machismus innerhalb linker Bewegungen geschildert wird, hat das erst in zweiter Linie mit Theorien zu tun – in erster Linie ging es um überkommene Rollenmuster und informelle Ausgrenzung von Frauen, die es sowohl bei den 1968ern wie auch in sozialistischen Ländern gab (Notz 2006). Hinzu kommt, dass der heutige Feminismus noch andere Wurzeln hat: Es gab neben dem marxistischen einen »bürgerlichen« oder Mittelschichts-Feminismus, der andere Themen hatte (in der radikalen Frühzeit das Wahlrecht für Frauen, später etwa Fragen der Identität, der sexuellen Ausrichtung oder der Anspruch auf allgemeine Wertschätzung kultureller Besonderheiten) und sich darum ebenfalls von der marxistisch inspirierten Schwesterbewegung distanzierte. Theoretisch gibt es bis heute offene Fragen, nicht zuletzt, ob und wie es eigentlich Sinn macht, feministische Anliegen mit dem Marxismus zu verbinden.

Vertrackt ist etwa die Frage, wie der Unterdrückung und Ausgrenzung von Frauen eigentlich abzuhelfen wäre. Noch im 20. Jahrhundert haben Frauen vor allem Hausarbeit verrichtet – in Marxschen Begriffen ist das »Reproduktion«: Arbeit für die Wiederherstellung der Arbeitskraft der männlichen Arbeiter (Kochen, Waschen, Unterhaltung etc.) und die Erziehung neuer kleiner Arbeiter. Dieses Versorgermodell war in der Bundesrepublik der 1960er Jahre verbreitet, nicht aber in der DDR oder im Manchesterkapitalismus der 1840er Jahre. Man kann daran entweder kritisieren, dass die Frau von ihrem Mann abhängig und deswegen gezwungen ist, sich einen solchen zu suchen (wenn er ihr nicht verordnet wird). Zugleich entgeht ihr die Anerkennung durch die öffentliche Betätigung in der Berufsarbeit, samt allem, was damit verbunden ist: Ausbildung,

Abwechslung, Bekanntschaften außerhalb des engsten Umfeldes etc. So scheint es der richtige Ausweg zu sein, Frauen ebenfalls in den Beruf zu schicken. Das war die Strategie bei Engels (MEW 21, 157) und Bebel, bei Charlotte Gilman und anderen.

Sie hat allerdings ihre Haken: Zum einen ist die Lohnarbeit aus der Sicht von Marx nicht Teil der Lösung, sondern Teil des Problems. Man führt so die weibliche Hälfte des Proletariats ebenfalls der Ausbeutung und Entfremdung durch die Lohnarbeit zu – eine ambivalente Errungenschaft. Hinzu kommt, dass dies die Löhne sinken lässt, weil sich damit das Angebot an Arbeitskräften nahezu verdoppelt (und steigt das Angebot, dann sinkt der Preis). Da der Lohn sich an den Kosten der Reproduktion einer Familie bemisst, in dieser aber nun zwei Partner arbeiten, reicht nun jeweils die Hälfte eines solchen Lohnes aus. Wenn der Kapitalist oder andere Arbeitgeber damit rechnen können, dass es zwei Gehälter gibt, werden sie den Lohn weiter senken. Aus der Freiheit, arbeiten gehen zu *können*, wird irgendwann ein Zwang, arbeiten gehen zu *müssen* – im Sinne von Marx: »Zwangsarbeit«.

Besonders zweifelhaft ist diese formale Gleichberechtigung, wenn im Beruf dennoch Unterschiede gemacht werden: Durch Mutterschaft und Erziehungszeiten fehlen Frauen häufig Dienstjahre, so dass sie weniger erhalten oder niedriger eingestuft werden. Manche Berufe galten lange als Männerdomäne, typische »Frauenberufe« wie in der Pflege, Erziehung oder Grundschule wurden dagegen schlechter bezahlt (sie waren als Zusatz zum Verdienst des Mannes konzipiert). Machismus und Männernetzwerke sorgen allerorten dafür, dass Frauen weniger Chancen zum Aufstieg haben (»Wo man auch hintritt, überall Schlips«, singt dazu *Jennifer Rostock*). Wenn zu allem Überfluss die heimische Arbeit dennoch an den Frauen hängenbleibt, haben sie eine Dreifachbelastung zu schultern – dieselbe Arbeitszeit wie Männer, dabei aber häufig eine Diskriminierung im Beruf und obendrauf noch die Hausarbeit. Die

Emanzipation durch Lohnarbeit hat also einen hohen Preis. Eine »zweite Schicht« haben auch neuere Feministinnen rasch beklagt (z. B. Arlie Hochschild oder Silvia Federici).

Was aber ist die Alternative? Soll man mit Schiller wieder sagen: »Und drinnen waltet die züchtige Hausfrau, die Mutter der Kinder, und herrschet weise im häuslichen Kreise«? Gerade vor der Folie einer radikalen marxistischen Lohnarbeitskritik tendieren einige Feministinnen tatsächlich in diese Richtung (natürlich nicht so hausbacken wie Schiller): Maria Mies und Vandana Shiva (2016) oder Claudia von Werlhof (2011) setzen, darin der Umwelt- und Postwachstumsbewegung verwandt, auf Subsistenz, auf Selbstversorgung jenseits der kapitalistischen Vermarktung. Diese Parallelisierung von »Natur« und »Frau« hat dem Ökofeminismus die Kritik eingebracht, er würde die Weiblichkeit ontologisieren – das ist aus der Sicht des Poststrukturalismus, der im Feminismus sehr einflussreich war, beinahe noch schlimmer als für Marxisten. Dabei ist hier durchaus etwas Richtiges gesehen: Der Kapitalismus kennt nicht nur den einen Mechanismus der Ausbeutung durch legale Abpressung unbezahlter Mehrarbeit; er kennt auch eine gewaltsame Aneignung ohne jeden Reziprozitätsanspruch (zur Gewalt Gerstenberger 2017). Weibliche Reproduktionsarbeit und Naturprozesse werden vom Kapital auf ähnliche Weise vorausgesetzt, nur werden sie, anders als die Lohnarbeit, überhaupt nicht entschädigt. Zumindest dieser Mechanismus ist bei Naturgütern (einschließlich Land) und häuslicher Reproduktionsarbeit, einerlei von welchem Geschlecht erbracht, ähnlich (O'Connor 1998, Federici 2012, Fraser 2014).

Man muss an dieser Stelle keine Entscheidung zwischen Verfechterinnen der ›Hausfrauisierung‹ oder der Lohnarbeit für Frauen fällen, denn beide Seiten malen den Kapitalismus rigider, als er ist: Zwar begrüßte es der Kapitalismus lange, dass Frauen die Reproduktionsarbeit der Arbeiter unbezahlt erbrachten. Müssten die Männer diese Leistungen (kochen, waschen etc.) kaufen, würden die Lebenshaltungskosten und damit die Löhne steigen. Doch das Versorgermodell gehört nicht notwendig zum Kapitalismus. Dieser kann mit Frauen auf dem Arbeitsmarkt ebenso gut leben: Im Prinzip ist es einerlei, wer die Arbeit erbringt, das betrifft das Geschlecht wie die Hautfarbe (»Die Arbeiter haben kein Vaterland«, MEW 4, 479). Darin steckt ein Freiheitspotential des Kapitalismus, auf das Liberale gern pochen. Doch je mehr Arbeitswillige, desto niedriger die Löhne. Wenn Hausarbeit trotzdem gratis bleibt, umso besser für die Profite. Aber auch wenn Hausarbeit zunehmend zur Ware wird, ist dies am Ende nur ein Markt mehr – ein Markt für Fertignahrung und teure, taylorisierte Küchengeräte etwa (dazu Hochschild 1997). Das »Internet der Dinge«, ein potenter Zukunftsmarkt (der Kühlschrank gibt online Bestellungen beim Händler auf und stellt den Herd an), dient nicht zufällig dieser »Rationalisierung« der Reproduktionsarbeit. Das lässt umso mehr Zeit für die Arbeit in der Firma.

Auf die Spitze getrieben, scheinen Frauen also nur die Wahl zu haben, entweder genauso oder schlimmer ausgebeutet zu werden wie die Männer und die Hausarbeit zusätzlich zu schultern, oder sich auf diese zu beschränken, aber sich damit abhängig zu machen und zu ghettoisieren (wie im Film *40 qm Deutschland* von 1986 alptraumhaft beschrieben). Zwar würde die Beteiligung der Männer an der Familienarbeit sowie die Etablierung von Lebensformen jenseits von Beruf und Arbeit bereits Abhilfe schaffen; aber das Dilemma ist damit nicht vom Tisch, wie z. B. Cornelia Koppetsch (2015) darlegt. Als Zwischenposition wurde daher bereits 1972 von einer italienischen Kampagne »Lohn für Hausarbeit« vorgeschlagen (dazu Federici 2012): Frauen sollen bezahlt werden, aber nicht für Lohn-, sondern für Hausarbeit. Diese provokative These vereint allerdings die Nachteile beider Seiten: Familien- und Liebestätigkeiten werden zur Ware, ohne dass Frauen damit der häuslichen Welt entkommen würden. Doch diese Absurdität war einkalkuliert: Den Frauen ging es eher darum, die Hausarbeit zu problematisieren und unter Frauen »Bewusstsein« für ihre prekäre Lage zu erzeugen (in den USA in »consciousness-raising-groups«) – eingeklemmt zwischen den Mühlen des Kapitals und der Dominanz durch die eigenen Männer, auch innerhalb der 68er Bewegung.

Solche Aktionen schafften eine »bewußtmachende Kritik« (Habermas). Tatsächlich wird bis heute versucht, die Lage der Frauen – in der Familie wie auf dem Arbeitsmarkt – mit politischen Mitteln zu verbessern, nicht zuletzt aufgrund solcher Initiativen. Erübrigt haben sich feministische Kämpfe darum noch lange nicht (die Vorstände deutscher Unternehmen sind zur Zeit zu 93 % männlich, was Kommentare erübrigt). Sie können weiterhin vom Marxschen Erbe zehren.

Weitere Berührungspunkte neben dem Thema der Hausarbeit sind etwa die Frage der Kommodifizierung weiblicher Körper durch Prostitution, Pornographie und »Schönheitsindustrie«, aber auch durch Biotechnologien. Dort rutscht die Bedeutung von »Reproduktion« von der Arbeit zurück in die Natur, in die Leiblichkeit. Weibliche Eizellen sind für Forschung und Biotech-Industrie elementare »Rohstoffe« (Dickinson 2007, Rajan 2009). Das wirft die Eigentumsfrage neu auf, zugleich drängt sich erneut die Frage nach dem gesellschaftlichen Naturverhältnis auf, die im postmodernen Feminismus im Anschluss an Michel Foucault und Judith Butler jahrzehntelang vermieden worden war, weil man darin lediglich eine verfemte Naturalisierung sozialer Unterschiede sehen wollte. Heute gibt es gerade auch im Rahmen des Feminismus eine Rückkehr des Materialismus – manchmal ein szientifischer (angelehnt an die Physik, wie bei Karen Barad), manchmal aber auch einer, der wieder an Marx anknüpft.

Parallel zu dieser Wiederkehr eines marxistisch inspirierten Feminismus nähern sich auch ökologische Ansätze Marx wieder an. Neuere Forschungen etwa bei John O'Connor, Joel

Kovel, Paul Burkett und John B. Foster haben gezeigt, dass bereits Marx und Engels ein hohes ökologisches Bewusstsein hatten. Sie sahen, dass der Kapitalismus seine eigenen natürlichen Grundlagen untergräbt (die »Springquellen alles Reichtums«, MEW 23, 530), da er mit dieser Ressource ebenfalls maßlos umgeht. Diesem Raubbau ist auch mit Wissenschaft und Technik nicht abzuhelfen, im Gegenteil, sie beschleunigen ihn eher. So schrieb Engels:

> »Schmeicheln wir uns indes nicht zu sehr mit unsern menschlichen Siegen über die Natur. Für jeden solchen Sieg rächt sie sich an uns. Jeder hat in erster Linie zwar die Folgen, auf die wir gerechnet, aber in zweiter und dritter Linie hat er ganz andre, unvorhergesehene Wirkungen, die nur zu oft jene ersten Folgen wieder aufheben« (MEW 20, 452 f.).

Marx machte für die »Zerstörung der Wälder« (MEW 24, 246) und den »Ruin« des Bodens (MEW 23, 529) vor allem das Privateigentum verantwortlich. Anstelle der Tragik der Allmende, einem Dogma der liberalen Ökonomie (demzufolge Gemeingüter stets übernutzt werden, weil jeder Einzelne seinen Nutzen maximiert), diagnostiziert Marx das Gegenteil: Naturgüter werden dann bis zur Neige ausgebeutet, wenn sie privat angeeignet werden. Die Sorge für künftige Generationen, Anwohner oder Pflanzen- und Tierpopulationen wird ›outgesourct‹. Der Kapitalismus, der alles in eine Ware verwandelt, versieht auch Naturgüter mit einem Preisschild, um daraus Profit zu schlagen. Jüngstes Beispiel dafür sind die Patente auf Gensequenzen von Organismen oder der Handel mit Klimazertifikaten. In der Marxschen Kritik daran taucht der alte naturrechtliche Gedanke auf, dass die Erde allen Menschen gehört und darum nicht von Einzelnen privat angeeignet werden darf:

> »Selbst [...] alle gleichzeitigen Gesellschaften zusammengenommen, sind nicht Eigentümer der Erde. Sie sind nur ihre Besitzer, ihre

Nutznießer, und haben sie als boni patres familias den nachfolgen-
den Generationen verbessert zu hinterlassen« (MEW 25, 784).

Als eine solch treuhänderische und schonende Bewirtschaftung der Natur hat sich Marx auch den Sozialismus vorgestellt.
Diese Idee wurde im 20. Jahrhundert als »Ökosozialismus« wei-
tergeführt (so etwa Michael Löwy 2016). Seit die grünen Parteien Europas sich Mitte der 1980er Jahre von einem Ökosozialismus weitgehend verabschiedet hatten, hat man lange auf
eine ökologische Modernisierung innerhalb des Kapitalismus
gehofft. Angesichts der noch miserableren Bilanz in osteuro-
päischen Staaten schien das die Alternative zu sein. Tatsächlich
werden bis heute Anstrengungen unternommen, den Schad-
stoffausstoß zu begrenzen, Wildflächen zu erhalten, Fischbe-
ständen Verschnaufpausen zu geben usw. Aber im Endeffekt
kann von einem Erfolg keine Rede sein: Der CO_2-Ausstoß steigt
stetig, immer mehr und immer größere Autos werden verkauft,
es wird immer häufiger und billiger geflogen, immer aufwän-
digere Dinge und größere Müllberge werden produziert, als
hätten wir einen zweiten Planeten in Reserve. Zwar erleben
wir durch die Erderwärmung eine »Revolte der Natur« (Max
Horkheimer), die Dürre und Überschwemmungen zugleich
bringt. Doch im Unterschied zur Ausbeutung der Arbeitenden und Frauen kann Natur selbst keine »Bewegung« bilden
(wie sie Erich Kästners *Konferenz der Tiere* von 1949 imaginierte),
die sich gezielt gegen den Raubbau auflehnt. Ein Eingedenken
der Natur kann jedoch der bestehenden Opposition zentrale
Argumente der Kapitalismuskritik hinzufügen und Wege weisen, wie alternative Wirtschafts- und Lebensformen aussehen
könnten.

Marx begründet diese Widerständigkeit der Natur durch
einen Mittelweg. Weder ist Natur sozial konstruiert, noch bildet sie einen nicht-identischen Rest, den man kurzerhand als
unberührte Insel der Gegenwehr voraussetzen könnte (wie in

Henry David Thoreaus *Walden*: »In der Natur, wo die Ketten des bürgerlichen Lebens abfallen«, MEW 2, 180). Marx nimmt weder das eine noch das andere an, sondern unterscheidet mit Aristoteles und Schelling Form und Inhalt: Selbst wenn eine Form durch und durch kapitalistisch ist (auch »Gegenstände der einfachsten ›sinnlichen Gewißheit‹«, wie z. B. ein Kirschbaum, sind »geschichtliches Produkt«, »Produkt der Industrie«, MEW 3, 43), kann der geformte Inhalt einen anderen Ursprung haben. Auf diese Weise ragt Natur noch in die feinsten Verästelungen der Gesellschaft hinein – nicht unüberformt, aber auch nicht konstruiert. Es gilt, diese Gehalte mit einer neuen, ihr gemäßeren Form zu versehen, unten »den ihrer [...] Natur würdigsten und adäquatesten Bedingungen« (MEW 25, 828). Einen solchen normativen Naturalismus vertrat später auch John Dewey: Kriterien der Bewertung und Kritik gehen über die herrschenden gesellschaftlichen Vorstellungen hinaus, sind aber dennoch ›immanent‹, da sie den natürlichen Grundlagen und Möglichkeiten entstammen (Henning 2015a, 472ff.). »An ihrer eigenen Individualität, an ihrem natürlichen Wesen mißt sie ihre Lebenssituation, nicht am Ideal des Guten«, sagt Marx am Beispiel einer Romanfigur (MEW 2, 180). Ähnliche Konzeptionen treten heute im Bereich des »Neuen Materialismus« auf (so bei Jane Bennett oder William Connolly). So verliert man nicht länger die Widerständigkeit der natürlichen Dimension, da sie nicht mehr als konstruiert erscheint. Zugleich vermeidet man den Irrationalismus, der entsteht, wenn man Natur (oder Weiblichkeit) der Gesellschaft als ihr komplett Anderes entgegensetzt.

Solche Fallstricke hat es auch in der dritten anzusprechenden Thematik gegeben: dem Postkolonialismus. Im Marxismus spielte der Imperialismus eine große Rolle (z. B. bei Luxemburg und Lenin). Marx lebte in London zur Hochzeit des Britischen Empire, doch auch andere europäische Staaten hatten Kolonien. Man bezog von diesen Eroberungen günstig

Rohstoffe und »Kolonialwaren« und setzte umgekehrt Produkte sowie überzählige Menschen dorthin ab. Ansonsten herrschte man dort meist in rüder Weise, die nicht den politischen Maßstäben daheim entsprach, da man die Kulturen und Menschen in Übersee als rückständig betrachtete.

Das Eigensinnige dieser Herrschaft ist Marx nicht entgangen. Er sah am Beispiel von Indien, dass »das von den Briten über Hindustan gebrachte Elend wesentlich anders geartet und unendlich qualvoller ist als alles, was Hindustan vorher zu erdulden hatte« (MEW 9, 128). »England hat das ganze Gefüge der indischen Gesellschaft niedergerissen, ohne daß bisher auch nur die Spur eines Neuaufbaus sichtbar geworden wäre« (MEW 9, 129). Eine viel diskutierte Passage von Marx betrifft seine Bewertung dieser Prozesse. Marx beschreibt, wie die britische Herrschaft in Indien die bisherigen Grundlagen des Zusammenlebens zerstört, mehr durch wirtschaftliche als durch politische Mittel, und die Menschen in ein »Meer von Leiden« hineingeschleudert hat – sie verlieren sowohl ihre Existenzmittel als auch ihre »Kulturformen« (MEW 9, 132). Doch Marx machte sich nicht zum Fürsprecher der alten gegen die neuen Zustände (wie er in Europa nicht den Adel gegen das Bürgertum verteidigte): Auch die alte Kulturform war ein Despotismus »voller unsäglicher Grausamkeiten« (132). Marx richtete den Blick nach vorn, auf die »soziale Revolution« (133), die die gewaltsame Entwurzelung durch die Briten ermöglicht habe. Tatsächlich hat sich die Neuordnung nach der Dekolonisierung unter starker Beteiligung sozialistischer Parteien vollzogen (etwa durch Nehru in Indien oder Nasser in Ägypten). In den Augen der seit den 1980er Jahren von Foucault und Derrida beeinflussten »postcolonial studies« war diese Stelle dagegen ein Beleg dafür, dass Marx selbst ein Teil des Problems sei, nämlich des differenzblinden und gewaltsamen europäischen Universalismus, dem »Eurozentrismus«. Wolle man das Eigene und Besondere sehen, müsse man solche rationalistischen Schablonen überwinden und die »Subalternen« selbst sprechen lassen. Ähnlich wie in der Frauen- und Umweltbewegung gab es daher im Postkolonialismus spätestens nach 1989 einen Trend weg von Marx hin zur Betonung kultureller Differenz.

Dies hat jedoch paradoxe Folgen: Wie mancher postmarxistischen feministischen Strategie die Gefahr droht, gerade das zu wiederholen, was sie eigentlich kritisieren will (nämlich die »Abspaltung« und Essentialisierung »des« Weiblichen als des Anderen des Kapitalismus), kommt es hier zur Neuauflage des »Orientalismus« (Edward Said): Regionen wie Indien werden als das ganz Andere stilisiert, das vom »Westen« nicht verstanden werden könne. Aber genau das war schon die koloniale Logik, mithilfe derer den Kolonisierten die Selbstbestimmung vorenthalten wurde. Die einflussreiche Kritik von Vivek Chibber (2013) macht dagegen zweierlei deutlich: *Erstens* herrscht der Kapitalismus auch im Westen nicht einheitlich, sondern auf der Grundlage zahlreicher nationaler und kultureller Differenzen – das macht ja gerade seine Flexibilität aus. Dennoch lässt sich das Grundmuster seiner Logik auf den Punkt bringen. *Zweitens* ist die Ausübung von Gewalt der Eliten gegen das Volk gerade nichts »anderes« gegenüber dem zivilisierten Westen, sondern seinerseits ein probates kapitalistisches Mittel. Wie gesehen, vollziehen sich Mechanismen der ursprünglichen Akkumulation, der »Landnahme« noch heute. Es gibt daher keinen Grund, im Interesse der Betonung kultureller (nicht-westlicher) Eigenheiten auf eine von Marx inspirierte kapitalismuskritische Perspektive zu verzichten.

Marx machte die gesellschaftlichen Antagonismen nicht daran fest, ob jemand schwarz oder weiß, Jude oder Christ ist, sondern woher der Lebensunterhalt stammt und welche Stellung in der Gesellschaft damit verbunden ist. Mit diesem Ansatz können über Differenzen hinweg politische Verbindungen hergestellt werden (so z. B. im »Black Marxismus«, Robinson

1983). Marx verband regionale Besonderheiten zu einer umgreifenden Analyse und bereitete damit internationalen Strategien den Weg. Vor der Folie eines weltweit agierenden Raubtierkapitalismus gewinnt die Marxsche Kritik und seine Option für eine globale Vernetzung des Widerstandes wieder an Bedeutung, auch aus feministischer, ökologischer und postkolonialer Perspektive.

Folgen in der Kultur

Marx' radikale Kritik am Kapitalismus liegt nicht auf der Hand, sie bedarf der theoretischen Aufschlüsselung und Vermittlung. Ein Teil seiner Kritik richtet sich dabei auf andere Kapitalismuskritiker, die sich zu eng an Oberflächenphänomene halten, oder umgekehrt allzu rasch Wesensaussagen treffen, die mit keiner Empirie vermittelt sind. Für Marx ist die Unterscheidung von Wesen und Erscheinung, die dabei anklingt, nichts Metaphysisches, wofür man Hegels *Logik* studieren müsste, sondern für Wissenschaft selbstverständlich. Die Sonne »scheint« sich um die Erde zu drehen, doch in Wirklichkeit ist es andersherum. Solche nicht direkt sichtbaren Wahrheiten hat die Moderne zu akzeptieren gelernt (Marx zitiert die medizinische Anatomie, MEW 23, 11, und seine »Gesetze« spielen auf Newton an, MEW 23, 15 und 640). Allerdings ist es manchmal schwer, dieses Wissen mit der Alltagspraxis zu verbinden. Jeder weiß, dass Fett und Zucker schädlich sind, dennoch essen wir zu viel davon, auch dank einer fragwürdigen Lebensmittelindustrie. Der Marxismus entwickelte später eine eigene Phänomenologie des Alltags (etwa Georg Lukács, Agnes Heller oder Henri Lefebvre), um die Vermittlung zu erleichtern.

Mit der Marxschen Kapitalismustheorie ist es ähnlich wie

mit der Physik: Sie stellt den scheinbar selbstverständlichen Augenschein auf den Kopf und erweist ihn als »optische Täuschung« (MEW 1, 367, zum Kopfstand MEW 2, 203, MEW 3, 26, MEW 23, 85 und MEW 25, 837). Das Geld scheint die Menschen zu benutzen statt umgekehrt; das Kapital scheint Werte zu erzeugen, während die Arbeit nur sich selbst erhält; der Markt dominiert die Politik, usw. »In unseren Tagen scheint jedes Ding mit seinem Gegenteil schwanger zu gehen« (MEW 12, 3). Die Argumente für eine Umkehr der Perspektive sind stark, doch wird dem Leser intellektuell einiges abverlangt. Marx benutzt daher gehaltvolle Bilder aus der Literatur und dem Theater (vgl. Prawer 1983), von denen er voraussetzen konnte, dass das Publikum sie kannte.

Auf die Bühnenmetaphern sind wir schon gestoßen. Marx ging jedoch noch weiter, indem er konkrete Figuren aufrief (Sancho Pansa und Robinson Crusoe etwa, die jeder kennt, oder Antigone, MEW 3, 120, MEW 23, 120, Papageno und Sarastro, MEW 1, 78, MEW 20, 301 f., oder die Trinität, MEW 23, 169). Hintersinnig wie er war, schlug er so zwei Fliegen mit einer Klappe: *Erstens* werden komplexe Sachverhalte durch solche Bilder schlagartig klar. Das hat einen didaktischen Zweck, zumal es noch unterhaltsam ist. Diesen Ball nahm Bertolt Brecht in seinem »epischen Theater« auf und spielte ihn zurück auf die Bühne. *Zweitens* wird durch den Vergleich mit Phantasiefiguren die Scheinhaftigkeit des Realen unterstrichen. Dies bringt dem Leser den Zweifel an bisherigen Überzeugungen nahe – wenn das bislang Geglaubte Schein ist, wie im Film *Matrix* von 1999 (vgl. auch *Dark City* von 1998 oder *Existence* von 1999), was ist dann real? Darin steckt ein Stück romantischer Ironie im Sinne von Friedrich Schlegel, in der ebenfalls die Illusion immer wieder durchbrochen wurde.

Wenn das Artifizielle der Realität bewusst ist, lassen sich auch alternative Möglichkeiten denken: Warum die vorgeschriebenen Rollen akzeptieren, warum das Stück nicht selbst

umschreiben? Eine andere Welt ist möglich. Solche Perspek-
tivwechsel hat Marx durchaus beabsichtigt. Nicht zuletzt Walter Benjamin, ein wichtiger Vordenker der Kritischen Theorie,
ist ihm darin gefolgt, indem er zeigte, dass viele scheinbare
»Trauerspiele« eine solch revolutionäre Unterströmung bereits
enthielten. Man muss sie nur richtig entziffern. Auch Benjamin
meinte damit nicht nur die Interpretation von Kunstwerken,
sondern übertrug dies auf Politik, selbst in einer Zeit der Ver-
düsterung durch Fremdenhass und populistische Autokraten.

Marx und Benjamin ging es keineswegs nur darum, die
Welt anders zu interpretieren (MEW 3, 7). Doch die »neue
Welt« (MEW 7, 79), die sie anpeilten, sollte kein Wolkenku-
ckucksheim sein. So gravierend die Veränderung politisch sein
würde (ein Wechsel der Eliten und ein Umbau der Institutionen), wirtschaftlich und technisch sollte sie überschaubar
sein. Es galt, nicht alles von Grund auf neu aus dem Boden zu
stampfen, sondern die Welt des Bürgertums zu übernehmen
und weniger antagonistisch und destruktiv weiterzuführen.

Schon im Frühwerk hatte Marx unterstellt, »daß die Welt
längst den Traum von einer Sache besitzt, von der sie nur
das Bewußtsein besitzen muß, um sie wirklich zu besitzen«
(MEW 1, 346). Um sie wirklich zu besitzen, reicht Bewusstsein
im Spätwerk nicht mehr aus. Doch eine Bewusstwerdung, eine
Blickveränderung ist nach wie vor vonnöten. Geblieben ist die
Idee, dass Grundsteine für die neue Welt bereits gelegt sind.
Deswegen heißt es:

> »Die Arbeiterklasse [...] hat keine Ideale zu verwirklichen; sie hat
> nur die Elemente der neuen Gesellschaft in Freiheit zu setzen, die
> sich bereits im Schoß der zusammenbrechenden Bourgeoisgesellschaft
> entwickelt haben« (MEW 17, 343).

Zu diesen Elementen gehört der materielle Reichtum, aber
auch die Hochkultur, der Individualismus und die Freiheits-
rechte. Die vom Kopf auf die Füße gestellte Welt bleibt sich in

vielem gleich, nur eben andersherum. Ein Bild, das Marx dafür benutzt, ist die Schwangerschaft (MEW 16, 152, MEW 23, 779). Dieses vielsagende Bild hebt die Rolle des Bewusstseins erneut hervor. Denn gäbe es *nur* das Alte, wäre eine Schwangerschaft unmöglich – *it takes two to tango*. Wenn die alte, materialistisch dominierte Welt Mutter wird, wer ist dann der Vater? Obwohl Marx auf Bildern väterlich daherkommt, möchte seine Theorie gut sokratisch nur Hebamme sein und »Geburtswehen abkürzen« (MEW 23, 15). Mit dem Vater kann also nur die rettende Erkenntnis der Menschen selbst gemeint sein, eben das Bewusstsein:

> *»die materielle Gewalt muß gestürzt werden durch materielle Gewalt, allein auch die Theorie wird zur materiellen Gewalt, sobald sie die Massen ergreift«* (MEW 1, 385).

Dieser Gedanke hatte eine bedeutende Folge im Buch *Geschichte und Klassenbewußtsein* des jungen Marxisten Georg Lukács. Lukács erweckte hier den Eindruck, die »Selbsterkenntnis des Proletariats« (1923, 147) sei im Wesentlichen schon die Revolution – das brachte ihm von Lenin persönlich Ärger ein. Doch für die Kritische Theorie von Max Horkheimer, Theodor W. Adorno und Herbert Marcuse war diese Hochschätzung des Bewusstseins die Initialzündung, denn so ließ sich die hohe Bedeutung von philosophischen sowie literatur- oder musikkritischen Arbeiten für die marxistische Sache zeigen. Wie Georg Lukács schrieben auch Walter Benjamin, Herbert Marcuse und Leo Löwenthal anfangs hauptsächlich über Literatur, während Adorno Musikkritiker war.

Das war eine eigensinnige Wendung der Rede vom Bewusstsein bei Marx. Marx ging es darum, bei seinen Lesern (nicht nur bei Arbeitern) ein Wissen von den Verkehrungen in der Wirklichkeit zu ermöglichen, da sie sich gerade nicht so zeigt, wie sie ist, sondern sich »verschleiert« (MEW 23, 89) und verdeckt. Er benutzte die Literatur, um seine Theorie leichter verstehbar zu machen. Die frühe Kritische Theorie drehte dies um: Sie benutzte die intellektuell inzwischen modische Marxsche Theorie, um Literatur zu analysieren, wobei eine leichte Verständlichkeit kaum mehr das Ziel war. Sie sprang auf diese Weise zurück in die Philosophie, die Marx hatte »beiseite liegenlassen« (MEW 3, 218). »Philosophie, die einmal überholt schien, erhält sich am Leben, weil der Augenblick ihrer Verwirklichung versäumt ward« (Adorno 1966, 15; kritisch dazu Anderson 1976). Auf diesem Weg entstand ein breiter Strom der marxistischen Literatursoziologie und Kulturtheorie, der noch heute mit Autoren wie Fredric Jameson oder Terry Eagleton stark besetzt ist. Von Goethe bis Kafka, vom »Trauerspiel« des 17. Jahrhunderts bis zu Science Fiction-Romanen sind immer wieder originelle Interpretationen entstanden. Noch die einflussreichen Filmanalysen von Slavoj Žižek zehren davon.

Aber zurück zur ursprünglichen Intention von Marx, der didaktischen Nutzung literarischer Bilder, um die Illusionen des Alltags zu überwinden. Mit Jürgen Habermas gesprochen war dies eine »bewußtmachende Kritik«, die ihren Rezipienten einen politischen »Möglichkeitssinn« (Robert Musil) einimpfte. Sieht man genauer hin, was Marx hier tut, erschließen sich Folgen bis in die heutige kulturelle Praxis hinein.

Marxsche Monsterkunde: Vampire sind unter uns!

Marx beschreibt eine eigenartige Wechselbewegung, die der Kapitalismus auslöst. Einerseits erscheinen lebendige Personen im Kapitalismus als tote Dinge: Die Arbeitskraft wird zur Ware (bei Tieren wie bei Menschen, vgl. Sheryll Vint 2009), die Arbeitenden werden als Bestandteil des Kapitals betrachtet, gesellschaftliche Verhältnisse werden »als Ding gefaßt« (MEW 25, 828). Sieht Marx so einerseits eine »Verdinglichung der gesellschaftlichen Verhältnisse« am Werk (MEW 25, 837, auch 405, 887), bekommen diese scheinbaren Dinge im Umkehrzug ein Eigenleben: Ihre Gegenständlichkeit wird »gespenstig« (MEW 23, 52), rätselhaft, »mystisch«, phantasmagorisch, Zauber und Spuk, da »mit eignem Leben begabte, untereinander und mit den Menschen in Verhältnis stehende selbständige Gestalten« (MEW 23, 85 f., 90). Es werden also nicht nur Dinge zu Personen und Personen zu Dingen. So etwas kennt bereits der antike Kanon (Lots Frau erstarrt zur Salzsäule, Pygmalions Statue wird lebendig etc.). Vielmehr werden solche Dinge Personen, die eigentlich gar keine Dinge sind; und es werden immaterielle Objekte wie der Tauschwert fetischisiert, obwohl der Fetischismus doch »Religion der sinnlichen Begierde« sei (MEW 1, 90). Durch die gegenläufige Bewegung haben wir es mit hybriden Schein-Personen und Schein-Dingen zu tun (darin liegt ihre Monstrosität), die miteinander über Kreuz liegen.

Wie lässt sich das sinnfällig darstellen? Es handelt sich bei näherem Hinsehen um einen monströsen Zustand: diese Dinge, die keine sind, und die Personen, die keine sind, »leben« nicht tatsächlich, sind aber auch nicht wirklich tot. Es ist nicht nur diese seltsame Hybridität, die den Menschen Angst macht, weil sie sie nicht kennen, wie man mit Donna Haraway mutmaßen könnte. Vielmehr sind sie tatsächlich bedrohlich und gefährlich. Im zeitgenössischen literarischen Kanon gab es für diese Seinsweise bereits eine ausgefeilte Zoologie, eine regelrechte Monsterkunde. Solche Wesen bevölkern auch die ökonomischen Schriften von Marx: Dort wimmelt es von Geistern, Werwölfen, Vampiren und Automaten (also Robotern, MEW 12, 109, MEW 23, 425 und 441). Marx hat seine Diagnose nicht willkürlich konstruiert, sondern reformuliert mit ihr gängige Erfahrungen und Deutungen seiner Zeitgenossen. Hier gilt es nach ihrer Funktion zu fragen, da sie diese Funktion in Horror-Werken der Gegenwart womöglich immer noch haben.

Marx konnte diese Figuren umso eher aufgreifen, als diese

Bildwelt bereits einen klaren gesellschaftskritischen Subtext hatte. Frankensteins Monster etwa ist eine grandiose Variation über das Thema, wie Menschen in der Moderne von ihren eigenen »Produkten« beherrscht werden. Dieser 1818 geschriebene Roman stammt von Mary Shelley, die als Tochter des von Marx geschätzten Anarchisten William Godwin und der Frauenrechtlerin Mary Wollstonecraft die sozialkritische Tradition gut kannte (mehr zu Frankenstein und Marx kann man bei Elsie Mitchie 1990 und David McNally 2011, 17 ff., nachlesen).

Sehen wir uns zwei dieser Gruselgestalten näher an, den Vampir und den Automaten. Beide wurden vom modernen Kino aufgegriffen. Obwohl es auch eine Reihe von ›Intellektuellen-Filmen‹ gibt, die die Folgen von Marx verwalten (etwa von Sergei Eisenstein oder Jean-Luc Godard), ist die Symbolsprache der Blockbuster für die Gegenwartsanalyse noch aufschlussreicher. Da ist zunächst die Symbolwelt des Vampirs, die Marx bereits aufgreift, bevor Bram Stokers Roman *Dracula* von 1897 ein Bestseller wurde. Der Vampir ist aus mehreren Gründen so sinnfällig: Auch er ist tot und doch nicht tot; lebendig und doch nicht lebendig. Zudem ist er, wie Marx von der Ware sagt, ein »sinnlich übersinnliches« Wesen (MEW 13, 29, MEW 23, 85): Er gehört einer Geisterwelt an, ist insofern immateriell, kann seine Gestalt wandeln (wie der Tauschwert) oder sich unsichtbar machen (wie die kapitalistische Herrschaft); doch zugleich ist er an die Sinnlichkeit gebunden (wie der Gebrauchswert). Er ist ebenso ein »Ungeheuer« wie das Kapital (MEW 23, 15, 209), weil er sich nur durch Ausbeutung beleben kann. Beängstigend daran ist zweierlei: Einmal die pure Tatsache dieses Raubes an Lebensenergie – ein Aussaugen des Lebens wie der Seele (MEW 42, 544 f.). Noch mehr erschreckt aber die Maßlosigkeit, die Unersättlichkeit: Marx spricht vom »maßlos blinden Trieb« und »Werwolfs-Heißhunger« des Kapitals nach Mehrarbeit (MEW 23, 281). Es ist durch nichts zu besänftigen, es will immer mehr.

Bezeichnend ist der Rückbezug auf Aristoteles genau an der Stelle, wo Marx den Tauschwert einführt (MEW 13, 15, MEW 23, 73): Schon Aristoteles' *Politik* (Buch I.9) hat die Geldwirtschaft verurteilt, weil sie kein inhärentes Maß hat – ein monetärer Gewinn, der zum Selbstzweck wird, ist potentiell unendlich, er kennt keine Grenzen mehr und treibt die Subjekte daher zur Maßlosigkeit. Das lässt die Gemeinschaften erodieren. Die Nähe zum Vampir ist also auch gegeben durch die bedrohliche Unendlichkeit, die sich der Menschen bemächtigt wie ein böser Geist – Marx spricht von der »Kapitalseele« (MEW 23, 247), die durch die Kapitalisten hindurch handele. Andernorts zitiert Marx Goethes *Faust,* wo in Auerbachs Keller eine vergiftete Ratte besungen wird – sie leidet durch das Gift an unersättlichem Durst, doch umsonst (»Bald hatte das arme Tier genug, Als hätt es Lieb im Leibe«). Auch damit wird die Unersättlichkeit als etwas Grauenhaftes geschildert, das keinen guten Ausgang nehmen kann. Dies »jagt die Bourgeoisie über die ganze Erdkugel« (MEW 4, 465).

Marx lässt Vampire in seinen wichtigsten Schriften auftreten: Bereits 1842 kündigt er ein Kapitel über die »Vampire der Moselgegend« an (MEW 1, 174); sie kommen in der *Heiligen Familie* (1845), den *Klassenkämpfen in Frankreich* (1850), im *Achtzehnten Brummaire* (1852), der *Inauguraladresse* (1865) und im *Kapital* (1867) wie noch im *Bürgerkrieg in Frankreich* (1871) vor. Dabei gibt es eine aufschlussreiche Verschiebung. Eigentlich nämlich steht der Vampir für die alte, feudale Gesellschaft, nicht nur durch seinen galanten Stil, auch durch seine ökonomische Grundlage: Er lebt von der direkten Ausbeutung, ohne den modernen Umweg über versachlichte Arbeitsverträge. Dracula, der Aristokrat aus einer verschlafenen, vormodernen Region, ist ein Relikt alter Zeiten; das zeigen noch neuere Filme (bei Francis Coppola 1992 ist er Kreuzfahrer, bei Wes Craven 2000 Judas, in Tim Burtons *Abraham Lincoln: Vampire Slayer* von 2012 sind die Vampire rückständige Südstaatler).

Wohlgemerkt: Hier sind es Menschen, denen vampirhafte Ausbeutungspraktiken nachgesagt werden. Roman Polanskis *Tanz der Vampire* von 1967 brachte diese direkte, persönliche Ausbeutung auf den Punkt, wenn ein frisch transformierter Gastwirt singt: »Jeder saugt jeden aus, das ist das Gesetz dieser Welt. Jeder nimmt sich von jedem, das, was ihm nützt und gefällt. Wenn es kein Blut ist, ist es Liebe oder Geld«. In dieser Gestalt der direkten, persönlichen Herrschaft treten Vampire bei Marx auf, wenn er »Blutsauger« wie »den Notar, den Advokaten, den Gerichtsvollzieher und andre gerichtliche Vampire« aufruft, deren Macht es zu brechen gelte (MEW 17, 345, vgl. MEW 2, 215 und MEW 7, 58). Hier herrschen noch die alten, »buntscheckigen Feudalbande, die den Menschen an seinen natürlichen Vorgesetzten knüpften« (MEW 4, 464).

Die seltsame Anziehungskraft, die die Figur des Vampirs noch heute auf die Gothic-Szene ausübt (Vampire sind cool, das zeigen Filme wie *Lost Boys* von 1987 bis zur *Underworld*-Serie 2003–2016), beruht nicht zuletzt auf dieser Distanz zur Moderne. Vampire versprechen Distinktion und persönliche Nähe zu ihren Opfern. (Allerdings setzt sich ihre Unersättlichkeit im modernen Konsumismus fort, vgl. Robert Latham 2002.) Dieser Alp lebt weiter unter uns: Marx klagt über vererbte »Notstände, entspringend aus der Fortvegetation altertümlicher, überlebter Produktionsweisen [...] Wir leiden nicht nur von den Lebenden, sondern auch von den Toten« (MEW 23, 15).

Die Reste von Feudalismus im Kapitalismus sind lebendige Tote. Sie überleben auch dadurch, dass der moderne Kapitalismus sich den alten Weg einer direkten Aneignung fremden Eigentums offenhält. Was David Harvey (2005) und Klaus Dörre (2012) als »Landnahme« beschreiben, die gewaltsame Aneignung von Ressourcen, grassiert wie eh und je: ob Patente auf Leben, eine Privatisierung öffentlicher Güter oder das kaum verdeckte »landgrabbing« in Südamerika.

Wenn Marx den zitierten Passus allerdings mit einem

Grundsatz des französischen Rechts beschließt (»Le mort saisit le vif!« MEW 23, 15, d.h. die Toten vererben an die Lebenden), dann deutet das einen Generationswechsel an. Es gibt ein neues, schlimmeres Monster, das das alte beerbt hat (auch in neueren Vampirfilmen ist »Evolution« ein großes Thema, etwa in *Blade II* von 2001 oder *Underworld: Evolution* von 2006). Nicht nur die persönliche Abhängigkeit von der erdrückenden Macht feudaler Klassen, auch die anonyme Herrschaft des Kapitals beruht auf Ausbeutung, selbst wenn die Menschenrechte geachtet werden, was im Kapitalismus keineswegs immer garantiert ist. Nur ist diese Ausbeutung vermittelter und »kälter« geworden (Marx spricht vom »eiskalten Wasser egoistischer Berechnung«, MEW 4, 465). Sie ist weniger gut sichtbar und kann sich umso besser verstecken, etwa hinter dem geltenden Recht oder dem Schein des wechselseitigen Vorteils, der noch die Gerechtigkeitstheorie von John Rawls geblendet hat.

Auch diese Macht lässt sich daher vampirisch deuten. Der Vampir hat eine Metamorphose durchlaufen. Kalt und an Verstecken interessiert war er schon immer. Doch nun ist er Kapitalist geworden. In diesem Sinne hatte schon Voltaire um 1770 den Vampirismus gedeutet: »Ich gestehe, daß es [...] Börsenspekulanten, Händler, Geschäftsleute gibt, die eine Menge Blut aus dem Volk heraussaugen, aber diese Herren sind überhaupt nicht tot, allerdings ziemlich angefault. Diese wahren Sauger wohnen nicht auf Friedhöfen, sondern in wesentlich angenehmeren Palästen« (zitiert nach Sturm/Völker 1994, 482). Marx geht jedoch einen Schritt weiter, indem er nicht einzelne Kapitalisten, sondern die schwer zu entziffernde soziale Macht hinter ihnen (»Verhältnisse, deren Geschöpf er sozial bleibt«, MEW 23, 15) mit den Farben des Vampirs malt:

> *»Das Kapital hat [...] einen einzigen Lebenstrieb, den Trieb, sich zu verwerten, Mehrwert zu schaffen, mit seinem konstanten Teil, den Produktionsmitteln, die größtmögliche Masse Mehrarbeit*

einzusaugen. Das Kapital ist verstorbne Arbeit, die sich nur vampyr-
mäßig belebt durch Einsaugung lebendiger Arbeit und um so mehr
lebt, je mehr sie davon einsaugt« (MEW 23, 247).

Diese Stelle ist aufschlussreich. Der Begriff der »toten Arbeit«
(MEW 42, 347) besagt *erstens* im Sinne der Arbeitswerttheorie,
dass das Kapital kein eigener Produktionsfaktor ist, sondern
selbst eine Ware, die zunächst einmal produziert werden muss.
Zweitens wird sie aus der Mehrarbeit finanziert. Das Kapital
speichert Arbeit von gestern; daher ist sie »tote« Arbeit. Doch
sie kann *drittens* keinen Mehrwert produzieren, sondern bedarf
dafür der lebendigen Arbeit, die sie wieder belebt. Nur wenn
sie bedient wird, wird die Maschine wirksam: »Die lebendige
Arbeit muß diese Dinge ergreifen, sie von den Toten erwe-
cken« (MEW 23, 198).

Man könnte sich dies harmonisch vorstellen, wie der konservative Edmund Burke in seinen *Reflections on the Revolution in
France* (1790) Gesellschaft als Partnerschaft zwischen den Lebenden, den Toten und den Künftigen beschrieb. Doch für
Marx tritt die tote Arbeit der lebendigen feindlich gegenüber,
weil sie sie beherrscht und ausbeutet. Kapital beruht auf dem
Einbehalten der Wertzuwächse aus früher gekaufter Arbeit
und wird daher zu Unrecht privat verwaltet. Doch wenn das
Tote das Lebendige beherrscht, wird es zum Alp (»Die Tradition aller toten Geschlechter lastet wie ein Alp auf dem Ge-
hirne der Lebenden«, MEW 8, 115). Da schon die ältere Arbeit
ausgebeutet wurde, wirkt diese Ausbeutung im Kapital auf un-
heimliche Weise fort, wie ein Trauma. Es verblüfft, wie sich
das mit Gedanken von Sigmund Freud (an den auch der »Trieb«
sowie die Rede vom Traum erinnert) und Walter Benjamin berührt, der ebenfalls »eine geheime Verabredung zwischen den
gewesenen Geschlechtern und unserem« beschwor (Benjamin
1940, These 2).

Vampirisch ist Kapital also deswegen, weil die tote Arbeit

die lebendige ausblutet, sich den Mehrwert aneignet, und weil sie unersättlich ist und stets die Arbeitsdauer- oder Intensität erhöhen will. Die *Inauguraladresse* ruft den Vampir genau für diesen Drang zu möglichst langen Arbeitszeiten auf, selbst bei Kindern: Als ob »jede gesetzliche Beschränkung der Arbeitszeit die Totenglocke der englischen Industrie läuten müsse, einer Industrie, die vampirmäßig Menschenblut saugen müsse, vor allem Kinderblut« (MEW 16, 11).

Eine solch maßlose Arbeit zieht eine drastische Ermüdung nach sich, wie es Vampirromane von den Opfern schildern: »Den gesunden Schlaf zur Sammlung, Erneurung und Erfrischung der Lebenskraft reduziert es auf so viel Stunden Erstarrung, als die Wiederbelebung eines absolut erschöpften Organismus unentbehrlich macht« (MEW 23, 280). Arbeitende wirken wie Opfer von Vampiren oder – um eine weitere Parallele zu nennen – wie Zombies (McNally 2011, 141 ff., 210 ff.). Diese Parallele war in den frühen Zombifilmen des jüngst verstorbenen George A. Romero beabsichtigt (*Night of the Living Dead*, 1968, *Dawn of the Dead*, 1978) und sie wird noch für die seit 2010 laufende Serie *Walking Dead* gezogen (vgl. Steams 2013).

Schaut man sich einige jüngere Vampirfilme an, hat man das Gefühl, sie würden diese Marxschen Thesen aufgreifen und variieren. In *Interview mit einem Vampir* (1994) werden die Wandlungen nachverfolgt. In *Daybreakers* (2009, Gebrüder Spierig) tragen die Vampire bereits Designer-Anzüge und sind Kapitalisten geworden. Hier gibt es eine klare Auseinandersetzung mit der Kapitalismuskritik. Ähnlich wie in *Matrix* (1999) sind Menschen die Energiequelle eines technisierten Systems geworden, sie werden argrar-industriell geradezu angebaut und ausgebeutet, ohne dass sie überhaupt noch zu Bewusstsein kommen (diese Naturalisierung begegnete bereits beim Feminismus). Die Vampir-Gesellschaft wird beherrscht von großen Firmen – auch das ist ein Alptraum, den das *Kapital* beschwört (als Zentralisation und Konzentration des Kapitals, MEW 23,

653 ff.), und der in weiteren düsteren Science-Fictions aufgegriffen wird (man denke an die Firma »Omnicorp« in *Robocop* von 1987/2014, oder die »Umbrella Corporation« in der Filmreihe *Resident Evil*, 2002–2016). Die Privatisierung ist weit fortgeschritten, die Übernahme der Regierung durch Firmen perfektioniert die Ausbeutung und Ideologisierung. Gerade die Verlegung in die Zukunft lässt das Entscheidende umso deutlicher hervortreten: Das Ausbeuterisch-Blutsaugende wird im Science-Fiction-Kapitalismus nicht abgeschafft, sondern ausgebaut. Nicht zufällig ist »Vampir-Kapitalismus« inzwischen zu einem festen Begriff geworden (so bei Paul Kennedy 2017).

Doch das hat hohe Kosten. In *Day Breakers* wird die ›Ressource‹ Mensch durch Übernutzung knapp – so »wie ein habgieriger Landwirt gesteigerten Bodenertrag durch Beraubung der Bodenfruchtbarkeit erreicht« (MEW 23, 281). Hier verbinden sich ökologische Kritik und Kritik an der Dehumanisierung im Sinne der Entfremdungstheorie. Der Film zeigt, wie sich durch diese Krise in der Vampirgesellschaft eine radikale Ungleichheit breitmacht. Die Ausgrenzung der Armen wird visualisiert als Vertierung der proletarisierten Vampire: Der Mangel an Ressourcen entmoralisiert sie (»Das Tierische wird das Menschliche und das Menschliche das Tierische«, MEW 40, 515). Die bessere Gesellschaft nimmt diesen Prozess im Interesse ihrer Gewinne bewusst in Kauf und glaubt sich durch die Vertierung sogar dazu berechtigt, sich ihrer zu entledigen. Doch so werden die Kapitalisten-Vampire erst richtig zu Monstern: Ihre Welt ist voller Grausamkeiten nicht nur gegen Menschen, sondern auch gegeneinander. So wird es zum eigentlichen Problem, wieder zu einer menschlichen Gesellschaft zurückzukommen – vom Vampirkapitalismus aus keine Kleinigkeit.

Dieses Ziel einer Rehumanisierung kennen auch viele Space Operas als ersehnte Rückkehr zur Erde (in *Battlestar Galactica* oder *Alien IV* etwa). In *Daybreakers* wird das nicht als Reform gemalt, obwohl eine solche im Film zur Verfügung stünde: Ein synthetischer Blutersatz wird entwickelt, allerdings nur, um die ärmeren Vampirklassen nicht gänzlich verhungern zu lassen. Der Film zeigt vielmehr eine revolutionäre Lösung und spielt dabei mit Marxschen Ideen: Heilung für Vampire gibt es nur durch ein ungeschütztes Wirkenlassen der Wahrheit (die Sonne brennt das Vampirhafte heraus) sowie durch doppelte Negation (dargestellt durch das Beißen eines Menschen, der selbst einmal ein Vampir war).

Dieser Film illustriert, dass die literarischen Bilder, die Marx zur Veranschaulichung seiner Theorie herangezogen hat, von dieser Verwendung ihrerseits beeinflusst wurden. Man kann daher auch umgekehrt die Marxsche Theorie durch Bilder aufrufen und kommentieren oder variieren. Ob nun in Texten von Marx oder in solch mehrschichtigen Filmen, die Darstellungstechnik ist ähnlich: Es werden in einer fiktiven Bildsprache Illusionen geschürt, die gerade durch ihre Überspitzung dabei helfen, Illusionen in der Wirklichkeit aufzuspüren und zu kritisieren. Die Botschaft ist: In der Wirklichkeit selbst haben wir es mit Monstern zu tun, deren Schein nur so ›sauber‹ ist, weil sie in Illusionen gekleidet sind (vgl. Christoph Spehr 1999).

Cyborgs: »Mechanische Ungeheuer« in *Terminator* und *Star Trek*

Ein weiteres Bild, das Marx aufruft, hat im Kino ebenfalls Karriere gemacht, auch in Auseinandersetzung mit Marxschen Thesen: die Beschreibung der Maschinerie als »mechanisches Ungeheuer« (MEW 23, 402). Die Mechanisierung der Produktion löst Ängste aus, die im Kino schon seit Fritz Langs *Metropolis* (1927) thematisiert werden. (Die segregierende Architektur dieses Films, in der Unterschicht und Oberschicht in verschiedenen Etagen einer Stadt wohnen, kehrt übrigens in Ridley

Folgen in der Kultur

Scotts *Blade Runner* von 1982 oder Luc Bessons *Fifth Element* von 1997 wieder, vgl. Katznelson 1993.)

Dabei sind verschiedene Ängste zu unterscheiden. Zunächst haben die Arbeitenden allen Grund, sich von der Maschine bedroht zu sehen: Einmal dadurch, dass die Arbeit sie immer abhängiger macht. Man ist nur noch ein kleines Rädchen in einem Riesenbetrieb. Das bringt bereits Charlie Chaplins *Modern Times* (1936) wunderbar auf den Punkt. In großen Fabriken »ist der Automat selbst das Subjekt, und die Arbeiter sind nur als bewußte Organe seinen bewußtlosen Organen beigeordnet« (MEW 23, 442). Das führt die Entfremdungstheorie weiter: Der Arbeiter wird vom Subjekt zum Objekt und verliert die Kontrolle über seine Tätigkeit, wenn die »dämonische Kraft« des mechanischen Ungeheuers »im fieberhaft tollen Wirbeltanz seiner zahllosen eigentlichen Arbeitsorgane ausbricht« (MEW 23, 402).

Ein zweiter Aspekt im »Kampf zwischen Arbeiter und Maschine« (MEW 23, 451) besteht in der Konkurrenz, denn die Maschine ist »stets auf dem Sprung, den Lohnarbeiter ›überflüssig‹ zu machen« (MEW 23, 459). Der Kapitalismus ist konkurrenzgetrieben, und die stärkste Waffe im Konkurrenzkampf sind arbeitssparende Technologien. Darum drehen sich Industriespionage, Verheimlichung (daran hängt eine ganze Industrie der Sicherheit) und Monopolisierung (durch Patente und den daran hängenden weltweiten juristischen Apparat), und darum sind Firmen an einer engen Kopplung an die Wissenschaft interessiert. Arbeitssparende Technologie heißt aber: »Rationalisierung«, also Entlassungen.

Diese Angst kristallisiert sich in Arbeitsmaschinen wie *Robocop* oder *Terminator*, die in den 1980er Jahren die Bildschirme bevölkerten. Sie waren Vorboten der Zukunft, die normale Arbeit überflüssig machen. Sie versuchten zwar durch ihre stahlharten Körper bedrohte Ideale von Männlichkeit zu beruhigen, doch ließen sie zugleich ahnen, wie erschreckend die Zukunft

Cyborgs: »Mechanische Ungeheuer« in Terminator und Star Trek durch die Mechanisierung sein würde. Bezeichnenderweise enden sowohl James Camerons *Terminator* (I 1984) wie Paul Verhoevens *Robocop* (1987) in verlassenen Fabrikhallen: Die alte Arbeit soll in heroischen Anstrengungen die Mechanisierung noch einmal besiegen, technische Fortschritte mit mechanischer Gewalt zurückdrehen. Das ist ein altes Motiv der Maschinenstürmer, das Marx schon anhand der Weberaufstände trotz der Rückwärtsgewandtheit als befreiend beschrieb.

Doch auch die Kapitalisten haben Grund, sich vor der Mechanisierung zu fürchten: Dieselbe Konkurrenz, die die Arbeiter überflüssig macht, kann auch für Kapitalisten bedrohlich werden (»Je ein Kapitalist schlägt viele tot«, MEW 23, 791). In den 1980er Jahren haben japanische Produktionsmethoden amerikanische Firmen ins Mittelfeld vertrieben – filmisch greift das u. a. Fred Dekkers *Robocop III* (1993) auf, wo japanische Kampfroboter Detroit den Kampf ansagen. (In einem B-Movie von 2012 namens *Red Dawn* hat China die Rolle des Feindes eingenommen, doch da chinesische Zuschauer inzwischen ein wichtiger Markt sind, wurde die gezeigte Invasion der USA kurzerhand zu einer nordkoreanischen umstilisiert.)

Nun sollte man Maschinen eigentlich steuern können. Besonders bedrohlich wird es daher, wenn die Maschinerie zum Leben erwacht, wie »Skynet« in der *Terminator*-Reihe, die die Menschen schließlich mit Krieg überzieht, oder die Zylonen in *Battlestar Galactica* (2004–2009). Das filmische Vorbild dafür ist der Computer HAL, eine Chiffre für IBM, in Stanley Kubricks *2001*. Hier tritt genau das ein, was Marx als Effekt der Entfremdung beschrieb – die Maschinerie in ihrer Gesamtheit wird zum Subjekt:

> »In ihrer Kombination erscheint diese Arbeit ebensosehr einem fremden Willen und einer fremden Intelligenz dienend und von ihr geleitet – ihre seelenhafte Einheit außer sich habend wie in ihrer materiellen Einheit untergeordnet unter die gegenständliche Einheit

der Maschinerie, das capital fixe, das als beseeltes Ungeheuer den wissenschaftlichen Gedanken objektiviert und faktisch das Zusammenfassende ist, keineswegs als Instrument zum einzelnen Arbeiter sich verhält, vielmehr er als beseelte einzelne Punktualität, lebendiges isoliertes Zubehör an ihm existiert« (MEW 42, 382).

Ein wirkmächtiges Bild für diese Illusion einer erwachten technischen Intelligenz, an dem die Einzelnen nur noch Zubehör sind, sind die Borg in der Reihe *Star Trek*, die in Jonathan Frakes' Kinofilm *First Contact* (1996) den Hauptfeind abgeben. Sie stellen eine vielschichtige Projektionsfläche dar. Zunächst verkörpern sie eine Kritik an der entmenschenden kapitalistischen Technologie: Die einzelnen Borg sind Wesen, die erobert und dann von der Technik assimiliert wurden. Den Borg wird die Willensfreiheit genommen, sie gehen dank ihrer technischen Optimierung auf im Kollektiv. Wie das Kapital hat die neue Lebensform nur noch einen Trieb: sich selbst zu vergrößern. Ihre Mitglieder sind ebenfalls als Individuen tot und doch nicht tot, sie werden von der Kollektivseele dirigiert und elektrisch geladen. Es gibt Ähnlichkeiten zu den Vampiren sowie zum »general intellect«, den Marx im Kontext der Maschinen nennt (MEW 42, 602) und der italienische Marxisten wie Antonio Negri inspiriert hat. In dieser Zuspitzung (Willensfreiheit gegen Kollektivismus) bringen die Borg eine Spitze nicht nur gegen den Kapitalismus, sondern auch gegen den Kommunismus zum Ausdruck.

Die Idee zu den Borg entstammt noch dem kalten Krieg, sie erschienen zuerst im Mai 1989 (in *Q Who?*, einer Folge von *Star Trek: The Next Generation*). Doch der Anti-Kommunismus behält nicht das letzte Wort. Schaut man sich die Assimilation der Borg nämlich genauer an, dann richten sie den Spiegel auf Raumschiff Enterprise. Als Verlängerung des amerikanischen Traums von der Freiheit durch die offene Grenze im Westen (»Space: The Final Frontier«, so der Eröffnungssatz der Serie

Star Trek) ist die Enterprise selbst auf permanenter Eroberungs-
mission. Eine gigantische intergalaktische Landnahme ist im
Gange. Sie wird zwar als friedlich gezeichnet. Doch wie gelingt
es der Föderation, neue Kulturen zu integrieren? Durch die militärische Eingliederung der Neuen in ein uniformiertes System (so Alexandra Rainer 2003, 234 ff.). Afroamerikaner, Rus-
sen, Vulkanier, Klingonen, sogar Ex-Borg stehen am Ende einheitlich uniformiert auf der Kommandobrücke. Die Borg tun
im Grunde dasselbe, nur technisch perfektioniert. Das wirft
die Frage auf, wofür eigentlich die Enterprise-Zivilisation steht
und was sie von den Borg unterscheidet.

Nutzen wir Marx als Vergleichsfolie, dann zeigt sich über-
raschend: In der Vorgabe von Marx ist die Subjekthaftigkeit
der Maschinen nur ein Schein. Er entsteht, weil nicht die sie
entwerfenden oder steuernden Menschen, sondern das Interesse an immer mehr Profit die Maschinen und Menschen beherrscht. Daher erscheint die Arbeit mit Maschinen »einer
fremden Intelligenz dienend« (MEW 42, 382). An anderer Stelle
erscheint der Wert als »automatisches Subjekt« (MEW 23, 169),
aber nur deswegen, weil der Produktionsprozess verdeckt wird.
So sieht das Kapital aus wie »Geld heckendes Geld« (MEW 24,
63). Doch dieser Schein (als gäbe es selbständige Maschinen
und ein eigenmächtiges, sich von selbst vergrößerndes Kapital) kann gebrochen werden. Es braucht dafür ein Wissen, das
hinter den Augenschein zurückfragt; und eine Veränderung
derjenigen Praxis, die diesen Schein immer wieder neu erzeugt: die »Abschaffung der Ausbeutung der Lohnarbeit durch
das Kapital« (MEW 4, 567). Erst dann verschwindet der »notwendige Schein« (MEW 42, 416; so war schon die Religionskritik angelegt).

Und tatsächlich, warum ist die Enterprise-Zivilisation nicht
selbst zu Borg, zu Sklaven der Maschine geworden? Was unterscheidet sie? Weil sie das Geld abgeschafft, also eine Form von
Sozialismus eingeführt hat. Das ist ein Ausdruck von Auto-

nomie, die den Borg eben fehlt. Captain Picard erklärt einer erstaunten Dame, die 300 Jahre vor ihm lebt, wie sie die gigantischen Raumschiffe finanzieren konnten – oder gerade nicht finanzieren, da es ja kein Geld mehr gibt:

> »The economics of the future are somewhat different. You see, money does not exist in the 24th century. [...] The acquisition of wealth is no longer the driving force in our lives. We work to better ourselves and the rest of humanity« (Star Trek: First Contact, von 1996).

Wie in Marx' Zielstellung wurde mit dem Geld der unersättliche Trieb nach Aneignung von Reichtum abgelöst durch die »freie Entwicklung eines jeden« (MEW 4, 482). Noch radikaler spricht Picard in einer TV-Folge einige Jahre zuvor:

> »People are no longer obsessed with the accumulation of things. We eliminated hunger, want, and need for possessions [...] the challenge [...] is to improve yourself« (The Next Generation: The Neutral Zone, von 1988; vgl. Saadia 2016).

Nun bleibt Star Trek ein Produkt der Kulturindustrie, es ist Massenunterhaltung in einem kapitalistischen Land. Das merkt man deutlich, wenn Captain Picard die integrierten anderen Zivilisationen rundweg der »Menschheit« zurechnet, was anthropozentrisch und in der Logik der Serie schlicht falsch ist. Auch klemmt es logisch und wirkt anti-feministisch, wenn die Borg, die doch ein Kollektivsubjekt sein sollen, eine verführerische »Königin« haben, die sie leitet. Dennoch wird eine wichtige marxistische Position zur Technik aufgegriffen, wie sie in den USA etwa von Herbert Marcuse (1964) vertreten wurde: Das Problem ist demzufolge nicht die Technik selbst, sondern ihre kapitalistische Nutzung. Arbeitslosigkeit und Hunger können zwar nicht durch Technik allein besiegt werden (es bedarf zugleich einer gleicheren Verteilung und sinnvolleren Produktion), aber umgekehrt ist auch nicht Technik allein an ihnen schuld. Marcuse und Marx stellten sich eine befreite Technik

vor, die nicht länger dem Profit, der Ungleichheit und Zerstörung zuarbeitet, sondern die von den Menschen demokratisch
und »rational« für humane Zwecke genutzt wird. Es ist bezeichnend, dass eine der meistgeschauten Fernsehserien des
20. Jahrhunderts genau diese marxistische Voraussetzung teilt.

Robocop und der neue Geist des Kapitalismus

Nun gibt es in der Reaktion auf Marx im 20. Jahrhundert ein
relativistisches Argument, das besagt, Marx möge zwar zu seiner Zeit recht gehabt haben, zu unserer Zeit allerdings gelte
seine Diagnose nicht mehr, da sie technisch auf ganz anderen Voraussetzungen beruhe. Gerade Marxisten können sich
gegen diese Einsicht nicht versperren, da Marx selbst dem
technischen Stand der Produktivkräfte einen hohen Einfluss
eingeräumt habe. Die Umstellung von Kohle auf Öl, von der
Dampfmaschine zum Automobil (dem »Fordismus«) oder zur
Digitalisierung habe andere ökonomische und gesellschaftliche Logiken zur Folge. Die Sozialromantik von Marcuse und
Star Trek beruhe auf einem fordistischen Modell, das heute erledigt sei. Was ist davon zu halten?

Zunächst ist genauer hinzuschauen, was genau sich verändert hat. Dass bestimmte Technologien Potentiale haben, die
im Kapitalismus unentfaltet bleiben, das sagt schon die ursprüngliche Marxsche Idee. Schon heute wäre es möglich, den
Welthunger zu besiegen und viele Krankheiten zurückzudrän-
gen; nur könnte man daran nicht mehr gut verdienen. Erst
wenn die Verwendung der ökonomischen Mittel nicht mehr
unter den Vorbehalt privaten Profits gestellt wird, sind solche
Lösungen denkbar. Dagegen nehmen Jeremy Rifkin und andere heute an, die neuen Technologien (etwa die »kollabora-
tiven Gemeingüter« wie Wikipedia oder die Vision einer Industrie 4.0) trügen ihren transformatorischen Effekt bereits in

sich, ohne dass es dafür noch einer Umwälzung in den Eigentumsverhältnissen bedürfte.

Den Gedanken, dass es heute technische Potentiale gibt, die der Entfaltung harren, um allen Menschen von Nutzen zu sein, hatten ja schon Marcuse & Co. Wenn die neue Idee nun ist, dass geringere Kosten den Kapitalismus bereits jetzt an den Rand drängen, so geht das an den Machtverhältnissen vorbei: In Branchen wie der Textil- oder Nahrungsmittelindustrie sind die Produktionspreise vor Ort bereits denkbar niedrig, dennoch sind die Gewinnmargen großer Unternehmen beachtlich. Die Macht des Kapitals ist kein direkter Effekt der Höhe der Produktionskosten. Im Internet könnte vieles umsonst angeeignet werden (schwarz geschieht es auch), dennoch erzielen Unternehmen wie *SkyTV*, *HBO*, *Netflix* oder *Spotify* genau in diesem Markt Gewinne (von Softwarefirmen wie *Windows* gar nicht zu reden); zur Not mit Hilfe eines juristischen Apparates, der die Interessen der wenigen Privateigentümer gegen die vielen Nutzer sanktionsbewehrt durchsetzt. Die Kosten sind deswegen so gering, weil die »digitale« Arbeit oft schlecht bezahlt ist (dazu Fuchs 2014, Dyer-Whiteford 2015).

Deutet man diese Phänomene mit Marx, gilt es daher, Schein und Sein zu unterscheiden – zumal dort, wo ganze Industrien der Versprechung, Verführung und Übertölpelung entstanden sind (Werbung, Marketing, Kundenberatung und PR verfügen über riesige Apparate); und wo auch die Sozialwissenschaft im Buhlen um mediale Aufmerksamkeit ihre Thesen marktgerecht zuspitzt und gelegentlich heiße Luft produziert. Bereits der Neoliberalismus ging mit solch hehren Versprechungen einher: Durch den Abbau von Regularien sei mehr Freiheit und Kreativität möglich als im alten, organisierten Kapitalismus; dadurch werde Entfremdung abgebaut, Menschen könnten sich nun selbst verwirklichen. Auch diese große Erzählung ging mit der Behauptung einher, in dieser neuen Phase habe die Marxsche Kritik keine Relevanz mehr – ohne die grauen

Büroräume der verwalteten Welt sei die Entfremdungskritik gegenstandslos geworden. Wo Leistung belohnt werde und jeder für sich selbst verantwortlich sei, sei auch Ausbeutungskritik gegenstandslos – es gebe keine Chefetagen oder bürokratischen Strukturen mehr, die Gehaltspläne austüftelten, die Hierarchien seien flach und Löhne bildeten sich einzig am »freien« Markt. Nach Nancy Fraser (2013) haben gerade Teile der postmarxistischen Linken diese große Erzählung mitgetragen. Studien wie die von Daniel Zamora und Michael Behrent (2015) sehen Michel Foucault, der für weite Teile der akademischen Linken eine Ausstiegsdroge von Marx war, als neoliberal eingefärbten Autoren. Man hatte sich selbst von der marxistischen Tradition der 1968er gelöst und Themen wie sexuelle Befreiung und Anerkennung kultureller Besonderheiten nach vorn gespielt. Dies war mit dem Silicon-Valley-Kapitalismus gut verträglich. So wurden neoliberale Thesen sogar in der Sozialwissenschaft reproduziert, etwa wenn Luc Boltanski und Eve Chiapello (1999) in ihrem epochalen Werk nahelegten, der »neue Geist des Kapitalismus« brauche keine Entfremdungskritik mehr, da die sogenannte »Künstlerkritik« am Kapitalismus bereits umgesetzt worden sei. Erst jetzt, nach Jahren der Finanzkrise, kommen auch Teile der »kulturellen« Linken wieder auf Marx zurück.

Im Bereich des Films jedoch gab es selbst zur Hochzeit der kulturellen Linken durchschlagende Kritiken am Neoliberalismus. Der Film *Robocop I* (1987), den der belgische Regisseur Paul Verhoeven als Reaktion auf seine verstörenden Erfahrungen in Amerika drehte, malt die Horrorvision einer neoliberalen Gesellschaft: Öffentliche Güter sind voll privatisiert, darunter auch der Polizeidienst. Eine Firma namens »Omnicorp« finanziert Kriminelle, um Sicherheitsaufträge zu bekommen; dabei ist die Kriminalität aufgrund des brachliegenden öffentlichen Dienstes ohnehin skurril hoch, während private Medien diesen Zustand normalisieren (ein Thema, das Verhoeven in

Total Recall weiterführt, und das bereits 1952 im Roman *The Space Merchants* von Frederik Pohl und Cyril Kornbluth auftaucht). Omnicorp übernimmt Polizeiaufgaben und versuchte, eine »zero tolerance«-Strategie durch vollautomatisierte Polizeieinheiten durchzusetzen.

Eine Parallele zu Marx besteht darin, dass im Kapitalismus die »technische Zusammensetzung des Kapitals« steigt: Es kommen stets mehr Maschinen auf immer weniger Menschen (MEW 23, 641, MEW 25, 154). Zugleich gibt es das Problem, dass Maschinen allein keinen Mehrwert erzeugen können. Im Film scheitert der Versuch, Polizisten komplett zu mechanisieren; dadurch entsteht die Idee, eine menschliche Maschine, einen Cyborg zu produzieren und einzusetzen. Das hat zugleich den Vorteil, dass die Bevölkerung ihn als »menschlich« ansieht (eine Anspielung auf die Formel vom »Kapitalismus mit menschlichem Antlitz«). De facto kommt jedoch nur noch das Gesicht eines Menschen zum Einsatz. Diese hohe Bedeutung der Inszenierung, des Spektakels für den Kapitalismus wird vom Film aufgegriffen und überzogen, wie es schon Marx durch seine Bühnenmetaphern tat.

Der Cyborg, den wir schon aus *Star Trek* kennen, ist in *Robocop* ein Sinnbild der Entfremdung des Menschen von seiner Menschlichkeit (MEW 40, 516, vgl. Henning 2015a, Kap. 7). Er gehört nicht sich selbst, sondern seiner Firma, und sein Körper ist nur noch mit Mühe als menschlich zu identifizieren. Er ist bis auf die Knochen von seiner Arbeit bestimmt, die »Heranbildung zur Maschine« (MEW 4, 477) ist perfektioniert. Auf einer sinnfälligen Ebene kommentiert das die technische Aufrüstung menschlicher Körper (das Enhancement), was mit Marx deutlich in den Kontext einer Arbeitsoptimierung gerückt wird. Das kritisiert den Mythos der individuellen Selbstbestimmung, den liberale Verteidiger des Posthumanismus in den Vordergrund stellen, als Ideologie. Solange es bei technischen Verbesserungen durch Medikamente oder Eingriffe um die Erfüllung äußerer Vorgaben oder eine bessere Marktfähigkeit geht, bleiben sie hoch problematisch.

Zeitdiagnostisch ebenso triftig ist das Thema der »Subjektivierung von Arbeit«, das *Robocop* ebenfalls berührt. Nach einer verbreiteten Analyse der Arbeitssoziologie vermögen es Firmen im Neoliberalismus, sich nicht nur die Arbeitskraft der Arbeitenden, sondern weitere Aspekte ihres Lebens anzueignen – etwa ihre Freizeit, so dass sie auch nach Feierabend Dienstmails beantworten; oder ihr Selbstverständnis, indem sie sanft gezwungen werden, die Firmenidentität zu übernehmen und permanent Begeisterung für die eigenen Aufgaben zu zeigen. Das veranschaulicht der Film dadurch, dass Robocop kein Privatleben mehr hat: Er »wohnt« in seinem Labor und kann sich nicht mehr an Frau und Sohn erinnern. »Zu Hause ist er, wenn er nicht arbeitet, und wenn er arbeitet, ist er nicht zu Haus« (MEW 40, 514). Robocop arbeitet immer, er braucht kein Zuhause mehr. Die Rede von »work-life-Balance« ist unter diesen Umständen Blendwerk. Der Film zeigt damit, dass hinter einer Fassade von Schein im blendenden Neoliberalismus Ausbeutung und Entfremdung noch immer gegeben sind. Er legt die Scheuklappen der auf Sichtbarkeiten fokussierten kulturellen Linken der 1980er und 90er Jahre ab und zeigt die »Anatomie« seiner Zeit.

Das Remake des Filmes von 2014 von José Padilha betont ebenfalls die Veränderungen durch den Neoliberalismus: Robocop ist hier weniger klobig und industriell (fordistisch), er ist geschmeidig, flexibel und elegant, wie es kreative Arbeit im flexiblen Kapitalismus sein soll. Er bekommt sogar seine »work-life-Balance« in den Griff, es kommt zur Vereinigung mit der Familie. Das scheint Luc Boltanskis und Ève Chiapellos These der Überwindung der Entfremdung durch den Neoliberalismus zu entsprechen. Aber grandioserweise zeigt dieser Film den Schein – als Schein. Noch befremdlicher nämlich als das Gesicht der Arbeitsmaschine ist 2014 das menschliche

Antlitz des Chefs, der gegenüber der Chefetage von 1987 deutlich attraktiver geworden ist: Statt Schlips und grauer Anzüge ist die Kleidung »casual« und die Sprüche sitzen locker. Damit hat sich die Macht über die Angestellten jedoch nur verschärft. Das bringt das Remake deutlich zum Ausdruck: Gibt es im Original gegenüber dem Firmenchef eine Versöhnung, kann Robocop 2014 sein »Zuhause« nur zurückerobern, indem er seine Programmierung durch die Arbeit überschreibt. Wie das Proletariat bei Marx kommt Robocop allmählich zu »Bewusstsein«: Die Selbsterkenntnis des Arbeiters als Ware beginnt, als er durch ein Labor für Cyborgs läuft. In einem Showdown am Ende erschießt er dann seinen Chef (Ältere mögen sich erinnert fühlen an »Paul Panzers Blues« von *Ton Steine Scherben*). Auch das Remake greift also durch das neoliberale Blendwerk hindurch und zeigt die harten Alternativen, vor die der Kapitalismus die Menschen stellt. Um sich der Familie wieder öffnen zu können, bedarf es radikaler Veränderungen in der Arbeit.

Mit der Familie sind wir bei einer weiteren Dimension, nämlich dem Frauenbild, das *Robocop* transportiert. Auch hier sind auf der Oberfläche die alten Männlichkeitsideale im Vordergrund, mit viel Gewalt und demonstrativ großen »Kanonen«. Genau das hat der Feminismus an der Männergesellschaft des Kapitalismus kritisiert, aber auch am Sozialismus und den oppositionellen Bewegungen selbst. Aber diese filmische Männlichkeit ist offensichtlich künstlich, sie ist Fassade. Die wahren Helden in beiden Filmen sind Frauen. Erst die Unterstützung durch seine Kollegin Ann Lewis, die in die Männerrolle des harten Polizisten schlüpft, macht Robocops Erfolge 1987 möglich, und nur durch die heroische Bereitschaft zur transhumanen Grenzüberschreitung seiner Gattin Ellen Murphy kommt es 2014 zum Happy End. Es ist daher verkürzt, das seltsame Frauenbild dieser Filme zu kritisieren, als richteten sie sich unmittelbar gegen Frauen. Vielmehr werden mit dieser Darstellung reale Tendenzen auf die Spitze getrieben (ähnlich wie in anderen Werken Verhoevens, z. B. *Showgirls* von 1995). Der Kapitalismus ist auch, ja gerade im neoliberalen Gewand frauenfeindlich. Das wird hier durch Überspitzung gezeigt.

Damit ist erneut das Thema der Geschlechtergerechtigkeit bei Marx angesprochen. Eine »Emanzipation der Frauen« (MEW 3, 488) wurde schon im 19. Jahrhundert erstrebt, das Frauenwahlrecht kam allerdings erst ab 1920 (und brauchte in der Schweiz weitere 50 Jahre, vgl. Petra Volpes Film *Die göttliche Ordnung* von 2017). »Der soziale Fortschritt [...] erfolgt aufgrund der Fortschritte in der Befreiung der Frau« (Fourier 1808, 190). Die Frage ist jedoch, wie die Befreiung genau vonstatten gehen soll. Utopien wie die von Charles Fourier oder Otto Groß schlugen die freie Liebe und eine Gleichberechtigung in der Arbeit vor. Für Marxisten, die in der Lohnarbeit ein Übel sehen, da sie Abhängigkeit, Ausbeutung und Entfremdung mit sich führt, ist Emanzipation durch Lohnarbeit jedoch ein zweischneidiges Schwert. Die erniedrigende Lohnarbeit kann ebenso wenig eine Lösung sein wie die traditionelle Familie, »wo die Frau und die Kinder die Sklaven des Mannes sind« (MEW 3, 32), oder eine Verbürgerlichung: »Der Bourgeois sieht in seiner Frau ein bloßes Produktionsinstrument« (MEW 4, 478).

Wird also die Lohnarbeit im Neoliberalismus dadurch besser, dass mehr Frauen eingestellt werden, ja dass sich durch die veränderten Anforderungen (mehr Kundenkontakte und soziale Interaktionen) die Arbeit insgesamt »feminisiert«? Die Robocop-Filme beharren darauf, dass Arbeit im Kapitalismus trotz einer höheren Beteiligung von Frauen als Tätigkeit männlich codiert bleibt, nämlich gewaltsam und räuberisch. Das Weibliche ist Zugabe, Frauen werden erst akzeptiert, wenn sie selbst zur Kampfmaschine werden – wie Sarah Connor in *Terminator*, Ann Lewis in *Robocop* (die 2014 durch einen Mann ersetzt wird), Ellen Ripley in *Alien* (1979) oder Maggie Thatcher in der politischen Realität. Das könnte ein Grund dafür sein, warum die Borg Queen in *Star Trek: First Contact* als böse geschildert wird: Das Problem ist nicht, dass die »Frau als Chefin« von den Filmemachern nicht akzeptiert würde (so Alexandra Rainer 2004, 88). Sorgen bereitet vielmehr, dass gerade der »Schein« der Weiblichkeit nur aufgesetzt ist: Die Borg Queen ist eine Maschine, nur ihr abnehmbarer Kopf ist weiblich. Dieser Schein verführt zur Akzeptanz dessen, was im Kern problematisch bleibt: nämlich einer Ausbeutungsmaschinerie, die die Menschen zu willenlosen Arbeitssklaven umformt. Dass sich Teile des Feminismus mit Donna Haraway ausgerechnet den Cyborg zur Ikone wählten, hat vielleicht zu dem von Nancy Fraser beschriebenen Effekt beigetragen, dass kulturalistische Emanzipationsbewegungen ungewollt den Neoliberalismus stützten. Will man sich der Aktualität von Marx versichern, ist man daher manchmal besser beraten, ins Kino zu gehen, als jede neue Windung der stets wechselnden Theoriemoden mitzumachen. Mit der Ausweitung der Kampfzonen, in denen kapitalistische Ausbeutungsmechanismen wirksam geworden sind, ist die Relevanz der Marxschen Kritik am Kapitalismus ersichtlich gestiegen.

Ausblick

Hiermit ist der Überblick über das Marxsche Werk und seine
Folgen bereits beendet. Es ist deutlich geworden, dass seine
Thesen kein ›Schnee von gestern‹ sind. Folgen von Marx sind
nicht nur dort zu sehen, wo es eine wörtliche Bezugnahme gibt
(wie auf Wahlplakaten der neostalinistischen MLPD). Das wäre
eine Verkürzung, die am Buchstaben hängen bleibt. Folgen
gab es z. B. auch dort, wo im 20. Jahrhundert versucht wurde,
Ungleichheiten zu verringern und die Lage der Arbeitenden zu
verbessern. Da diese Tendenzen im 21. Jahrhundert allerorten
auf dem Rückzug sind, ist es an der Zeit, sich der radikalen
Kapitalismuskritik von Marx und Engels zu vergewissern. Man
muss sie nicht in allem teilen, aber es ist noch immer inspirie-
rend, sie als mahnende Stimme im Detail zu kennen.

Die internationale Marxforschung hat sich seit 1989 erheb-
lich weiterentwickelt, nicht zuletzt aufgrund der historisch-
kritischen Editionsarbeit der MEGA², welche das teilweise
noch unpublizierte Gesamtwerk von Marx und Engels neu
herausgibt. Die Marxsche Kritik hat, wie gesehen, auch Tendenzen wie den Postkolonialismus, den Feminismus oder die
Ökologiebewegungen inspiriert und wird sogar in Hollywood-
produktionen aufgegriffen und kommentiert. Es wäre zwar zu

wünschen, dass das Marxsche Werk irgendwann gegenstandslos geworden wäre. Doch solange der Vampirkapitalismus weiter die Natur verwüstet, Menschen zur Arbeit verdammt und dabei fragwürdige Reichtümer sowie gewaltige soziale Verwerfungen erzeugt, ist es angebracht, das Werk von Karl Marx als einem der gewichtigsten Kritiker des Kapitalismus zur Kenntnis und zu Herzen zu nehmen. Hoffentlich konnte dieses kleine Büchlein die Vielschichtigkeit und den Tiefsinn seiner Kritiken ein wenig erhellen.

Ausblick

Literatur

Adorno, Theodor W.: *Negative Dialektik*. Frankfurt a. M. 1966.

Anderson, Perry: *Considerations on Western Marxism*. London 1976.

Benjamin, Walter: »Über den Begriff der Geschichte« (1940). In: Ders.: *Gesammelte Schriften* I.2. Frankfurt a. M. 1980, 691 ff.

Bennett, Jane: *Vibrant Matter. A political Ecology of Things*. Durham 2010.

Böckenförde, Ernst-Wolfgang: *Staat, Gesellschaft, Freiheit: Studien zur Staatstheorie und zum Verfassungsrecht*. Frankfurt a. M. 1976.

Boltanski, Luc/Chiapello, Ève: *Der neue Geist des Kapitalismus*. Konstanz 2005 (engl. 1999).

Brown, Heather: *Marx on Gender and the Family: A Critical Study*. Boston/Leiden 2012.

Buchbinder, Reinhard: *Bibelzitate, Bibelanspielungen, Bibelparodien, theologische Vergleiche und Analogien bei Marx und Engels*. Berlin 1976.

Chibber, Vivek: *Postcolonial Theory and the Specter of Capital*. London 2013.

Connolly, William: *The Fragility of Things: Self-organizing Processes, Neoliberal Phantasies, and Democratic Activism*. Durham 2013.

des Brosses, Charles: *Über den Dienst der Fetischengötter oder Vergleichung der alten Religion Egyptens mit der heutigen Religion Nigritiens* [1760]. Berlin/Stralsund 1785.

Dickenson, Donna: *Property in the Body: Feminist Perspectives*. Cambridge 2007.

Dörre, Klaus: Landnahme und die Grenzen kapitalistischer Dynamik. Eine Ideenskizze. In: *Berliner Debatte Initial* 22/4 (2012), 56–72.

Dyer-Whiteford, Nick: *Cyber-Proletariat: Global Labour in the Digital Vortex*. London 2015.

Euchner, Walter: *Die Funktion der Verbildlichung in Politik und Wissenschaft*. Berlin 2008.

Federici, Silvia: *Caliban und die Hexe: Frauen, die Körper und die ursprüngliche Akkumulation*. Wien 2012.

Federici, Silvia: *Aufstand aus der Küche: Reproduktionsarbeit im globalen Kapitalismus und die unvollendete feministische Revolution*. Münster 2012.

Fetscher, Iring: *Marx*. Freiburg 1999.

Foster, John B.: *Marx's Ecology. Materialism and Nature*. New York 2000.

Fourier, Charles: *Die Theorie der vier Bewegungen und der allgemeinen Bestimmungen* [1808]. Wien 1966.

Fraser, Nancy: A Triple Movement: Parsing the Politics of Crisis after Polanyi. In: *New Left Review* 81 (2013), 119–132.

Fraser, Nancy: Behind Marx's Hidden Abode. For an Expanded Conception of Capitalism. In: *New Left Review* 86 (2014), 55–73.

Fuchs, Christian: *Digital Labour and Karl Marx*. New York 2014.

Gerstenberger, Heide: *Markt und Gewalt: Die Funktionsweise des historischen Kapitalismus*. Münster 2017.

Habermas, Jürgen: Bewußtmachende oder rettende Kritik. Die Aktualität Walter Benjamins (1972). In: Ders.: *Politik, Kunst, Religion*. Stuttgart 2012, 60–87.

Habermas, Jürgen: Heinrich Heine und die Rolle des Intellektuellen in Deutschland. In: *Merkur* 40 (1986), 453–468.

Habermas, Jürgen: *Faktizität und Geltung. Beiträge zur Diskurstheorie des Rechts und des demokratischen Rechtsstaats*. Frankfurt a. M. 1992.

Harvey, David: *Der neue Imperialismus*. Hamburg 2005.

Harvey, David: *Marx' Kapital lesen*. Hamburg 2011.

Hegel, Georg Wilhelm Friedrich: *Grundlinien der Philosophie des Rechts*. Berlin 1821.

Henning, Christoph: *Philosophie nach Marx. 100 Jahre Marxrezeption und die normative Sozialphilosophie der Gegenwart in der Kritik*. Bielefeld 2005.

Henning, Christoph: Charaktermaske und Individualität bei Marx. In: *Marx-Engels-Jahrbuch 2009*. Berlin 2010, 100–122.

Henning, Christoph: *Theorien der Entfremdung zur Einführung*. Hamburg 2015 a.

Henning, Christoph: *Freiheit, Gleichheit, Entfaltung: Die politische Philosophie des Perfektionismus*. Frankfurt a. M. 2015 b.

Henning, Christoph: Jürgen Habermas: Against Obstacles to Public Debates. In: Werner Bonefeld

u. a. (Hg.): *Handbook of Frankfurt School & Critical Theory*. Los Angeles 2017 (im Druck).

Hess, Moses: Über das Geldwesen. In: *Rheinische Jahrbücher zur gesellschaftlichen Reform* 1 (1845), 1–34.

Hochschild, Arlie: *The Second Shift: Working Parents and the Revolution and home*. New York 1989.

Hochschild, Arlie: *The Time Bind: When Work Becomes Home and Home Becomes Work*. New York 1997.

Howard, Michael Charles/King, John Edward: *A History of Marxian Economics. Vl. I: 1883–1929*. Princeton 1989.

Howard, Michael Charles/King, John Edward: *A History of Marxian Economics. Vl. II: 1929–1990*. Princeton 1992.

Hudis, Peter: *Marx's Concept of the Alternative to Capitalism*. Leiden/Boston 2012.

Jameson, Fredric: *Archaeologies of the Future: The Desire called Utopia and Other Science Fictions*. London 2005.

Katznelson, Ira: *Marxism and the City*. Oxford 1993.

Kennedy, Paul: *Vampire Capitalism. Fractured Societies and Alternative Societies*. Basingstoke 2017.

Kirsch, Scott/Don Mitchell: The Nature of Things: Dead Labor, Nonhuman Actors, and the Persistence of Marxism. In: *Antipode: A radical Journal of Geography* 36/4 (2004), 687–705.

Koppetsch, Cornelia/Sarah Speck: *Wenn der Mann kein Ernährer mehr ist ... Geschlechterkonflikte in Krisenzeiten*. Berlin 2015.

Kühne, Karl: Ökonomie und Marxismus I: Zur Renaissance des Marxschen Systems. Neuwied/Berlin 1972.

Kühne, Karl: Ökonomie und Marxismus II: Zur Dynamik des Marxschen Systems. Neuwied/Berlin 1974.

Latham, Robert: *Consuming Youth: Vampires, Cyborgs, and the Culture of Consumption*. Chicago 2002.

Latour, Bruno: *Eine neue Soziologie für eine neue Gesellschaft: Einführung in die Akteur-Netzwerk Theorie*. Frankfurt a. M. 2010.

Löwy, Michael: *Ökosozialismus: Die radikale Alternative zur ökologischen und kapitalistischen Katastrophe*. Hamburg 2016.

Luhmann, Niklas: *Politische Theorie im Wohlfahrtsstaat*. München/Wien 1981.

Lukács, Georg: *Geschichte und Klassenbewußtsein. Studien über marxistische Dialektik*. Berlin 1923.

Maihofer, Andrea: *Das Recht bei Marx. Zur dialektischen Struktur von Gerechtigkeit, Menschenrechten und Recht*. Baden-Baden 1992.

Manske, Alexandra: *Kapitalistische Geister in der Kultur- und Kreativwirtschaft: Kreative zwischen wirtschaftlichem Zwang und künstlerischem Drang*. Bielefeld 2015.

Literatur

Marcuse, Herbert: *Der eindimensionale Mensch. Studien zur Ideologie der fortgeschrittenen Industriegesellschaft* [1964]. Darmstadt 1988.

Marx, Karl/Friedrich Hegels: *Marx-Engels-Werke* (MEW). 42 Bände. Berlin 1956–1990, zitiert mit Angabe von Band und Seitenzahl.

McNally, David: *Monsters of the Market. Zombies, Vampires and Global Capitalism.* Leiden/Boston 2011.

Mehring, Franz: *Karl Marx: Geschichte seines Lebens* [1918]. Berlin 1964.

Menke, Christoph: *Kritik der Rechte.* Berlin 2015.

Mies, Maria/Shiva, Vandana: *Ökofeminismus: Die Befreiung der Frauen, der Natur und unterdrückter Völker. Eine neue Welt wird geboren.* Neu-Ulm 2016 (Neuauflage).

Mitchie, Elsie: Frankenstein and Marx's Theories of Alienated Labor. In: Stephen Behrendt (Hg.): *Approaches to Teaching Mary Shelley's Frankenstein.* New York 1990, 93–98.

Mohl, Ernst-Theodor u. a.: *Folgen einer Theorie. Essays über ›das Kapital‹ von Karl Marx.* Frankfurt a. M. 1967.

Neocleous, Mark: The Political Economy of the Dead: Marx's Vampires. In: *History of Political Thought* 14/4 (2003), 668–684.

Notz, Gisela: *Warum flog die Tomate? Die autonomen Frauenbewegungen der Siebzigerjahre.* Neu-Ulm 2006.

O'Connor, James: *Natural Causes: Essays in Ecological Marxism.* New York 1998.

Pitts, Frederick H.: Work Sucks. Dead Labor in Smith, Ricardo and Marx (2012), online: http://www.telospress.com/work-sucks-dead-labor-in-smith-ricardo-and-marx (24. 9. 2017).

Pohl, Frederik/Kornbluth, Cyrill: *The Space Merchants.* London 1952.

Polanyi, Karl: *The Great Transformation. Politische und ökonomische Ursprünge von Gesellschaften und Wirtschaftssystemen* [1944]. Frankfurt a. M. 1978.

Prawer, Siegbert S.: *Karl Marx und die Weltliteratur.* München 1983.

Rainer, Alexandra: Starke Frauen im Hollywoodfilm: Feministische Hoffnung oder doch üblicher Sexismus? Pro und (viel) Contra. In: Lutz Kirschner/Christoph Spehr (Hg.): *Out of this world! Reloaded. Neue Beiträge zu Science-Fiction, Politik & Utopie.* Berlin 2003, 81–92.

Rainer, Alexandra: *Monsterfrauen. Weiblichkeit in Hollywood-Sciencefictionfilm.* Wien 2004.

Rancière, Jacques: *Das Unvernehmen. Politik und Philosophie.* Frankfurt a. M. 2002.

Rawls, John: *Eine Theorie der Gerechtigkeit.* Frankfurt a. M. 1975 (engl. 1971).

Rifkin, Jeremy: *Die Null-Grenzkosten-Gesellschaft. Das Internet der Dinge,*

Literatur

kollaboratives Gemeingut und der Rückzug des Kapitalismus. Frankfurt a. M. 2014.

Robinson, Cedric: Black Marxism. The Making of the Black radical Tradition. London 1983.

Rosa, Hartmut: Resonanz. Eine Theorie der Weltbeziehungen. Berlin 2016.

Saadia, Manu: Trekonomics: The Economics of Star Trek. San Francisco 2016.

Shaikh, Anwar: Capitalism: Competition, Conflict, Crises. Oxford 2016.

Silko, Leslie Marmon: Almanac of the Dead. New York 1992.

Smith, Adam: An Inquiry into the Nature and Causes of the Wealth of Nations. London 1776.

Spehr, Christoph: Die Aliens sind unter uns. Herrschaft und Befreiung im demokratischen Zeitalter. München 1999.

Sperber, Jonathan: Karl Marx: sein Leben und sein Jahrhundert. München 2013.

Steams, Ami: The Zombi Manifesto: Marx and The Living Dead (2013), online: http://sociologyinfocus. com/2013/02/the-zombie-manifesto-marx-the-walking-dead (24.9.2017).

Stedman Jones, Gareth: Karl Marx: Greatness and Illusion. New York 2016.

Sturm, Dieter/Völker, Klaus (Hg.): Von denen Vampiren oder Menschen-

saugern. Dichtungen und Dokumente. Frankfurt a. M. 1994.

Sunder Rajan, Kaushik: Biokapitalismus. Werte im postgenomischen Zeitalter. Frankfurt a. M. 2009.

Thompson, E. P.: The Making of the English Working Class. New York 1963.

Vint, Sheryll: Species and Species-being: Alienated subjectivity and the commodification of animals. In: Mark Bould/China Mieville (Hg.): Red Planets: Marxism and Science Fiction. Middletown, CO 2009, 118–136.

Werlhof, Claudia von u. a.: Frauen, die letzte Kolonie: Zur Hausfrauisierung der Arbeit. Reinbek bei Hamburg 1983.

Werlhof, Claudia von: Die Verkehrung: Das Projekt des Patriarchats und das Gender-Dilemma. Wien 2011.

Young, Iris Marion: Responsibility and Global Labor Justice, in: The Journal of Political Philosophy 12.4 (2004), 365–388

Zamora, Daniel/Behrent, Michael (Hg.): Foucault and Neoliberalism. Cambridge 2015.

Zetkin, Clara: Die Arbeiterinnen- und Frauenfrage der Gegenwart. Berlin 1912.